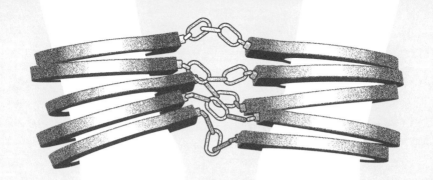

一不小心就坐牢

蔣子謙

刑事律師
著作

在薄冰上跳舞

2021 年春天，我碰上一件讓我印象很深刻的案子：一對母女在通化街吃米粉湯的時候起了口角爭執，當警方獲報到場要求女兒出示身分證的時候，女兒認為警察是違法臨檢。她當下氣不過，對警察脫口說出「你有病、神經病！」沒等她話說完，馬上就被警察壓在地上逮捕，最終法院判決女兒有罪。對於他們倆各自的主張，我的記憶早已隨著時間慢慢模糊，但這件案子卻成為讓我起心動念，寫下這本書的契機——太多不懂法律的人，在日常生活中遇到各種法律問題時，該怎麼保護自己？

「我們的一生同樣都在薄冰上跳舞，冰層下極冷，若不幸落水，很快就會喪生。有時冰層無法承載某些人的重量，於是冰破人落海，我感興趣的就是這一刻。」

——《罪刑》費迪南‧馮‧席拉赫

或許女兒不知道警察要求她出示身分證，在法律上是合法的；或許女兒自認那些罵人的話，只是自己抒發情緒的口頭禪，根本沒有要侮辱警察的意圖；或是更富有詩意地說，女兒該如何在薄冰上跳舞（遵守法律）而不落入海（違法受罰）？如果時光倒流，她在事發前看過本書，知道這些學校沒教的生活法律常識，結果會有所不同嗎？老實說，我也沒辦法回答。

　　對我而言，當刑事律師最吸引人的地方，就是聽當事人親口說出一段曲折離奇的人生故事：明明車子沒有撞到對方，卻成為肇事逃逸罪的階下囚；或是被老闆鹹豬手，卻不知道能否偷錄音蒐證的女員工等等。正是因為聽過太多（鬼）故事，所以本書每篇文章，都是根據我經手的真實案件（去識別化）改編而來。而且我希望用最白話的方式，提供各種生活法律問題的解決之道。希望日後當大家遇到問題時，腦海中自動浮現出我的臉龐（欸），告訴你「這件事好像哪裡怪怪的！」讓你知道該怎麼做才能趨吉避凶，那就是本書的終極目標。

　　敬祝展讀愉快。

一不小心就坐牢

Part
2

好想告他，但你可能告不成

Part

1

一不小心

就坐牢

常聽人感嘆：「法律總是保護懂法律的人。」日常生活中時常一不小心就跨越法律的界線，如果只是被開開罰單、罰罰錢，還可以摸摸鼻子自認倒楣下次不要再犯就好了，但如果犯的是刑法呢？動輒被關押、背前科，破壞的不只是原本平靜的生活，更可能是原本大好前途的未來。

特別是隨著詐騙集團的猖獗、詐騙手法的快速更新，有越來越多人在被詐騙的情況下同時不慎觸法，包括為了貸款提供自己的帳戶給對方、找人辦門號、甚至只是介紹親友一起投資，都會一不小心就成為詐騙集團的一份子，背負刑事責任，損失了錢財也損失了人生。就讓我們跟著接下來的故事，提升法律知識，成為懂法律的人。

被騙的是我，
怎麼有罪的也是我？

　　Peggy 連假前夕特別搭車北上找我諮詢，見到她的第一印象，只覺得她長得十分青澀，用灰色髮圈綁著馬尾的她眼神清澈，如果不特別講，會讓人以為是高中生。

　　「蔣律師，這是我最新收到的警局筆錄通知書，而且這只是其中一份。」Peggy 從側背包拿出一疊通知書，目測大約有 20 張之多。

　　「是不是人頭帳戶詐欺的案子？只有這種案子因為有大量被害人去派出所報案，被告才有可能收到這麼這麼多傳票。」我問。

　　果然我猜的沒錯，Peggy 正是因為人頭帳戶的問題讓她困擾到不行。

　　「因為這件事情，我已經做了大概有 5 次筆錄了，最

遠還跑到台東。我現在正準備找工作，每個老闆一聽到我之後上班要請假去開庭，都當場直接挑明說不會錄用我。」Peggy眉頭緊蹙的說。

「所以究竟發生什麼事，讓你不小心把自己的帳戶交給詐騙集團？」

「大概是今年初的時候，表姐邀請我一起創業做蝦皮的電商網拍，大概需要 20 萬元的啟動資金，我那時大學才剛畢業，身上沒有半毛錢，銀行也說因為我是信用小白，沒有薪資證明所以拒絕貸款給我，我只好在網路上找看看有沒有人可以幫忙。」

「後來我在臉書上看到一家貸款顧問公司，他們說可以幫我向銀行借錢，前提是我必須先提供自己的銀行帳戶給他們，他們答應幫我美化帳戶的金流記錄，之後就可以當作薪轉證明，方便向銀行貸款。」Peggy秀出手機內的對話紀錄。

像Peggy遇到的是「美化金流話術」，典型詐騙帳戶的手法；還有一種是「應徵工作話術」，我們曾經看過公司面試時，要求應徵者必須先提供戶頭給公司，公司說要用來收取廠商貨款，以此方式騙取帳戶；另外，「愛情

話術」也是常見的方式，例如交友軟體上面認識的女生說她因為在外欠債，只要錢一進到她的戶頭就會被債主扣走，所以只好跟已經暈船到不行的男生借用帳戶。

另外，現在虛擬貨幣正夯，因為虛擬貨幣移轉方便、容易洗錢的特性，所以交易所的熱錢包也成為詐騙集團的首要目標之一。雖然身為律師已經見怪不怪，但Peggy應該是相信這家貸款顧問公司的話術了，否則現在不會坐在這裡。

Peggy當然是相信了，她和一位「錢先生Mr.Green」的貸款顧問接洽，後續依照指示把存摺跟提款卡一併寄給了錢先生指定的收件人。

「我原本以為貸款可以一切順利，沒想到一個禮拜後馬上收到銀行的電話，銀行告訴我帳戶因為有疑似詐騙款項匯入，165反詐騙專線接到被害人報案，主動通知銀行把我的帳戶警示凍結。蔣律師這樣我到底該怎麼辦，我不想這麼年輕就留下前科！」Peggy說完悲從中來，不禁掩面啜泣。

人頭帳戶被告的法律責任？

Peggy所面臨的法律風險，除了可能成立詐欺取財罪的幫助犯以外，因為她提供戶頭的幫助犯罪行為，讓詐騙集團可以透過人頭帳戶層層轉移贓款，製造金流斷點，讓警方難以追查，所以還有可能被認定成一般洗錢罪的幫助犯。我會這麼形容──「如果詐欺罪是麥當勞大麥克套餐，洗錢罪就像是加點冰炫風」，兩者一起搭配。

依據司法改革基金會的統計，人頭帳戶的被告一旦被檢察官起訴，最後被法院判決有罪的機率高達98%！正是因為起訴定罪率非常高，所以我們一定要在偵查階段全力處理人頭帳戶的案子，盡力爭取不起訴處分，而不是等到案件被起訴進到法院後再來拚無罪，通常為時已晚。

我建議她先進行以下步驟：

Step 1 先向銀行掛失存摺以及提款卡。

Step 2 把跟詐騙集團間的Line對話訊息、通聯紀錄全部截圖。

Step 3 帶著這些對話紀錄去附近的派出所報案。

人頭帳戶被告防身術

我曾經遇過警察因為嫌麻煩，所以對被告宣稱「因為被告不是被害人身分，所以不給報案」的狀況；或是警察說被告的戶籍地是在其他派出所，所以本所不受理報案等等說法。這些都是錯誤的！請大家**堅持報案並索取「案件受理證明單」**，俗稱報案四聯單。

另外，因為人頭帳戶的眾多被害人分散在全台，所以被告一定會收到全台各地的派出所做筆錄的通知，如果每個筆錄通知都去做，鐵定非常浪費時間（我都開玩笑說是「環島旅行」）。所以我建議Peggy在我的陪同下好好做一次筆錄，之後請負責承辦的檢察官把其他派出所受理的案件通通併案進來地檢署，全部一起處理，才是節省時間的正確作法。

不起訴的關鍵——什麼是犯罪的「不確定故意」？

老實說，這裡會有一點艱深。法律上若要成立犯罪，必須行為人客觀上（外在）有犯罪的行為，主觀上（內心）也有犯罪的故意。而犯罪的「故意」區分為兩種

類型，一種是「直接故意」，另一種則是「間接故意（不確定故意）」。

在提供人頭帳戶的案件中，被告交出戶頭的客觀行為並沒有任何爭議，但是被告內心是否有犯罪的主觀故意，是最重要的核心爭執重點。

「直接故意」代表被告在交出戶頭的時候，「明白知道」詐騙集團會把戶頭拿去收取贓款，而且被告也「支持」這種做法。

「間接故意（不確定故意）」則是指說被告在交出戶頭的時候，雖然「內心有想過」可能會被拿來做詐騙，但是被告覺得就算戶頭被拿去做詐騙也「無所謂」的放任態度。這在法律上稱為「漠然理論」。

舉例來說，如果Peggy實際上是把戶頭「賣」給詐騙集團（俗稱賣本子），很有可能她一開始就知道戶頭會被別人拿去做違法使用，而且內心覺得無所謂、放任其發生，因此極有可能被檢察官認定具有「不確定故意」。

反之，如果Peggy並沒有把戶頭賣出，而是因為詐騙集團的各種話術，導致她的戶頭被「騙走」，她不僅「無法想像」戶頭會被拿去做詐騙，而且內心必然會反對此

事，表現出「在意」的態度，那麼Peggy就沒有犯罪的不確定故意，因此不會成立犯罪。

「蔣律師，我從沒想過戶頭會被拿去做詐騙，要是知道戶頭會被拿去做違法的事情，我一定不會答應！」Peggy大聲喊冤。

「沒錯，你的辯解鏗鏘有力，代表你當時初交出戶頭時，內心並沒有幫助詐騙集團犯罪的『不確定故意』。」我說。

Peggy若想拚不起訴或是無罪，必須要說服檢察官、法官，當初真的是被騙帳戶而不是刻意把帳戶賣出，也就是說她並不是詐騙集團的成員之一，並且要提出與錢先生之間的對話紀錄作為佐證、傳喚錢先生出庭交互詰問（但通常錢先生不會出現就是了），確認當初真的是為了貸款要美化金流而把帳戶交出，這樣就有機會安全下莊。

「蔣律師，我回家馬上截圖、報案，後續要麻煩你陪我去做筆錄了。」

「社會十分黑暗，雖然我們不會主動去害別人，但是至少要知道詐騙集團的最新手法，政府也一再宣導不要

隨意把戶頭交給陌生人使用，有很高機率是詐騙，下次別輕易掉入陷阱囉！」

半年後的某天，事務所突然收到Peggy的不起訴處分，顯然是我們的策略奏效了，剛剛從外商公司下班的她得知後，親自帶了水果禮盒來事務所，氣質及談吐比起半年前成熟許多。

「我們接下來要解凍警示帳戶，既然你已經拿到不起訴處分（或是無罪判決、有罪判決執行完畢），現在可以去警察局申請解凍，大約一至二個星期，帳戶就可以重新恢復使用。」我提醒她。

「沒問題，謝謝您。」

「看到你成熟這麼多，我覺得我都老了。」我笑著對她說。

人頭帳戶被告「有罪」的狀況？

以我的經驗，人頭帳戶的被告若最終被法院判決有罪，刑度通常會落在有期徒刑 6 個月以下，但我有遇過少數被告自行偽造對話紀錄被法官發現，而被重判 10 個

月的案件，算是還蠻嚴重的。

很多人好奇那這樣會被關嗎？答案是只要被判 6 個月以下通常不會被關，因為後續的執行會讓被告用在外做社會勞動的方式代替坐牢。但因為做社會勞動還是會影響到正職工作，所以我會建議如果財力夠的話，沒有前科的被告可以盡力和被害人達成和解，換取法院宣告緩刑（暫時不執行刑罰的意思），也不失為一個好做法。

帳戶被警示了，薪水匯不進去怎麼辦？

再多懂一點

雖然被告原本的舊戶頭正在警示中，但是依照《存款帳戶及其疑似不法或顯屬異常交易管理辦法》（太長了，唸到快斷氣）規定，只要被告拿著公司開立的「在職證明」文件，就可以去銀行申請開立新的薪轉戶，不怕薪水匯不進去。

報案與備案，傻傻分不清楚？

　　某天開完庭，我在回台北的高鐵上，巧遇好久不見的老朋友Rick兄。別看Rick只穿著簡單的素色polo衫，實際上他可是一家新創公司的CEO，他跟我分享最近遇到的煩惱。

　　「蔣律，我上個月家裡被闖空門，保險箱裡的勞力士手錶跟現金加起來大概價值80萬，全部不翼而飛，現在還沒抓到小偷！」Rick怕吵到其他乘客，激動但小聲地說。

　　「你有去警察局報案了嗎？」我問。

　　「有啊，發現家裡遭小偷的當下，我就打110報警了，警察聽完是有說要幫我『備案』，但至今都沒有下文。」

　　「當然不會有下文囉，因為你只是『備案』不是『報案』。」

　　Rick聽完臉色一沉，問我報案與備案哪裡不一樣？我跟他說當然有差！

你以為的報案，其實是備案？

　　一般人在遇到刑事案件的時候，第一時間的想法肯定是跑到家裡附近的派出所報案。如果是去派出所報案，最讓人感到困擾的就是警方消極的處理態度。像是我最常聽到客戶抱怨警方不受理報案的說法，例如「你這樣可能會有誣告罪的問題喔」、「我們先幫你備案如何？」、「你這個不是我們轄區的範圍」、「你這個只是民事糾紛不能提告」等等，拒絕讓民眾報案，都是常見警察推託之詞。

　　以上警方的推託之詞之中，「我們先幫你備案如何？」的說法最容易讓人搞混，像是Rick就中了「備案話術」。當今天Rick以為已經完成報案手續，結果過了數個月案件如同石沉大海，完全沒有消息的情形，那是因為「備案」只代表了他前往警局，針對自己認為有法律糾紛的部分向警察陳述，而警察會將他的陳述記錄在「工作紀錄表」，僅此而已，然後就沒有然後了。

　　備案並不是提告的正式法律程序，而只是通俗性的用語。換句話說，備案更像是「陳情」，警察不會因為民

眾備案，而產生必須偵辦案件的義務。基於警察繁重的業務量，還有人類的惰性使然，警方當然不會積極處理備案了。

要知道影響警方考績的因素有二：第一是「犯罪發生率」、第二是「案件破案率」。鴕鳥心態一點來說，只要沒有民眾報案讓案件成立，警察就不會有破案壓力，所以警方當然會想嚴格限制成案率。Rick聽到這邊點頭如搗蒜，直說我突破盲點了。

▌如何報案？可別按到愛心鈴啊！

由上可知，遇到竊盜案件的Rick，一定要完成報案手續，才會讓警察開始偵查。報案管道有兩種，除了去警察局報案之外，民眾也可以前往地檢署提告，通常的作法會是到地檢署門口「按鈴申告」，沒錯！就是政客為搏版面最愛的按鈴申告，但是可別不小心按到「愛心服務鈴」而貽笑大方。

報案方式其實並不難，只要Rick向警察完整詳述「犯罪事實」以及表示要「提起告訴」的意思，就代表報案

成功。等到報案成功，他會拿到一張「受理案件證明單」，過幾天就可以上警政署網站追蹤案件偵辦進度，便民多了。

　　我向Rick建議一定要趕緊回到警局，向警方報案提告竊盜罪，如果警察堅持不受理，他可以依規定向警方索取異議單，之後才能提起訴訟。

▍你沒遇到，不代表沒有發生

　　我之前就有在我的IG粉專帳號上分享過「報案與備案的差別」，但當時底下一片力挺警察的網友罵我，說現在沒有警察會用「備案話術」了啦！但我心裡卻是想說「那最近怎麼會有這麼多當事人跟我抱怨警察不給報案，而且數量算一算大概有一打了」。該怎麼說呢，總不可能叫警政署去統計不給民眾報案的警察的比例有多少吧（無奈）？

我只是找人去辦電話卡，怎麼就被警察抓走了？

　　某天一個很要好的哥哥打給我，他跟我說他的弟弟小凱出事了，昨天突然被警察上門帶走，現在還不知道發生什麼事。等我趕到警察局看到小凱一臉無辜的樣子，我決定先了解事情的梗概。

　　「無風不起浪，你怎麼會突然被警察帶走？」我問。

　　「警察跟我說，應該是電話sim卡的事情……」小凱講完眼淚都快噴出來了。

　　「正常來說買賣sim卡不違法阿，你再多跟我說說細節。」我大概猜出來是什麼事情了。

　　「就是前一陣子朋友聚會上，我認識了一家通訊行的老闆叫小蔡，因為我們都喜歡改車，很聊得來所以變成朋友。後來小蔡問我要不要兼職賺點外快，工作內容就

是去幫他找人頭來辦預付卡門號，一個人可以辦十組門號，辦完後把人頭sim卡交給他，我就可以拿到 4,000 元的介紹費，我有找了幾位朋友去申辦。」小凱說。

「我懂了，辦完的人頭電話卡交給小蔡後，小蔡是不是有再賣出去，結果被新的買家（詐騙集團）拿去打電話詐騙被害人？」

「對，警察就是跟我這樣講的！」

「這個十分灰色地帶耶，很有可能會有幫助詐欺的嫌疑。」

講到「人頭」類型的案件，一般人比較常遇到的是「人頭帳戶」的問題，我在前面有提到，詐騙集團大量收取人頭帳戶的目的，是為了能夠把詐騙民眾所獲得的贓款，利用人頭帳戶的方式層層轉移，達到隱匿金流、製造金流斷點的效果。

雖然政府大力宣導民眾不要隨意提供帳戶給陌生人，但是以我當律師的實務經驗來說，每天還是遇到大量的民眾被詐騙集團騙走帳戶，因此跑來事務所諮詢的例子（當然如果是直接把帳戶賣給詐騙集團，一定違法不用多說）。

白話來說，一樣都是被騙，一般民眾是被騙錢，在法律上的身分是被害人；但是如果今天被騙的是帳戶，就會變成幫助詐欺罪的被告，可是要經歷一場司法驚魂記（詳見本書P.14，〈被騙的是我，怎麼有罪的也是我？〉）。除了人頭帳戶為大宗，最近也有不少「人頭sim卡」的案件出現，小凱這件案子就是最典型的例子。

什麼是「幫助犯」？

　　「幫助犯」是相對於「正犯」的概念。所謂正犯，就是直接去詐騙被害人的詐騙集團，例如負責騙人的機房成員或是騙帳戶的取簿手，以及騙到錢後負責取款的車手等等。

　　至於幫助犯，就是雖然沒有直接參與行騙的過程，但是在詐騙集團詐騙的過程中，有提供幫助的人，例如我們剛剛提到的提供人頭帳戶的被告，或是提供人頭sim卡的小凱都是。

幫助詐欺罪，成立否？

　　要成立幫助詐欺罪，必須是小凱在他提供人頭sim給小蔡的當下，對於小蔡會把這些卡片轉賣給詐騙集團拿去做詐騙，具備「不確定故意（間接故意）」。

　　不確定故意，就是小凱的內心可能已經有想到（法律上稱作「有預見」）小蔡會把這些卡片轉賣給詐騙集團拿去做詐騙，而他對於小蔡的行為，竟然抱持著一種無所謂、冷漠放任的態度，就會因此成立幫助詐欺；換句話說，小凱如果心裡有「就算是這種事情發生嘛沒差啦！」的心態，就是法律要處罰的對象。

　　「法律竟然這麼規定！我要澄清一下，當初我確實有覺得怪怪的（有預見），想說為什麼要找人頭辦卡，但小蔡跟我保證說蒐集人頭sim卡的目的，是因為他有配合的網路行銷公司要創建網軍，需要大量申請臉書、IG、推特的帳號，但這些社群網站規定每一個帳號都要綁定一組電話號碼，所以才有這個需求，我才相信他。」小凱大聲喊冤。

　　「這代表你當初在協助小蔡蒐集人頭sim卡的時候，並沒有放任這些電話卡拿去給詐騙集團使用！」我說。

畢竟有沒有幫助詐欺的「不確定故意」，在於被告小凱內心的「一念之差」。律師沒有通靈術，法官也沒有，所以法官或檢察官在認定被告的內心想法時，往往會從客觀證據來判斷：例如透過他們之間的Line對話紀錄，來觀察當初小蔡是怎麼跟小凱說的，或是收到警局筆錄通知書後，大家的反應是驚訝不已、很氣憤怎麼跟當初說好的不一樣，還是彼此開始串通說法、湮滅證據，這些都會是司法機關的重點判斷依據之一。

不幸成立幫助詐欺的話，判多重？賠多少？

如果人頭帳戶或是人頭sim卡的被告最後被法官認定有罪，法院通常會判6個月以下的有期徒刑，如果同時有成立幫助洗錢罪的話，被告只能用服社會勞動的方式代替坐牢，因為要花時間去做社會勞動，連帶影響被告不能正常上下班，我就曾經看過被告因此丟了工作，而且這樣的案例還不少。至於因為刑事被判有罪，民事案件也會有高機率要與詐騙集團一起連帶賠償被害人，一不小心人財兩失，老實說真的划不來。

「我們等等做筆錄的時候，記得向警察跟檢察官好好

解釋，我也會幫你，一定要爭取不起訴處分。」

一些無關法律的真心話

有一天回家我跟家母分享這件案子，她說她以前當房仲的時候，會在電線桿張貼賣屋廣告傳單，如果有人向環保局檢舉亂貼廣告，環保局就會通知電信公司馬上把該號碼停話，為了讓自己日常使用的電話不被影響，她也會買這種人頭sim卡來用。這讓我更了解到提供人頭帳戶與提供人頭sim卡，兩者間有著本質上的不同，原因在於sim卡的用途太多了，除了仲介的賣屋廣告需求、小凱所說的社群網軍帳號需求以外，其實像是當舖也會收購人頭sim卡，作為打催債電話使用，所以說人頭sim卡的用途不一定就是拿來做詐騙。

我會建議，如果人頭sim卡真的被詐騙集團持續濫用，可以參考洗錢防制法第15-2條不正交付帳戶罪的規定，訂定「不正交付sim卡罪」。否則如果一旦把門號給別人使用，就會成立幫助詐欺罪的話，那麼我們豈不是都活在隨時會被抓去坐牢的陰影之下？

想買二手車，不小心買到贓車

　　邱叔是一家二手車行老闆，以前被「一清專案」管訓的他，現在腳踏實地的做生意。這天他來事務所找我，不意外應該也是車行的法律問題。

　　「蔣律師，昨天派出所打給我，叫我去做筆錄。」邱叔拿出手機，上面有警察的連絡方式。

　　「喔，他有跟你說是什麼事情嗎？」

　　「警察直接跟我說，我們車行上個月賣出去的一台中華菱利發財車，有被害人報案失竊，說是贓車。」

　　「奇怪，你們車行在收車的時候，不是會確認有沒有行照之類的資料，然後核對引擎號碼嗎，怎麼會收到贓車？」我很疑惑。

　　「老實說，這台發財車是我們車行跟同行調車來賣

的，我們也有問同行說為什麼沒有這些資料，贓車我們車行不收。對方說會去跟原車主要，過幾天就會補件給我們，叫我們先賣再說，後來就聯絡不上人了。」邱叔無奈地說。

「哇，那這個可能會有贓物罪的問題！」

「……這樣該怎麼解套？」

首先，贓物罪規定在刑法第 349 條：「……故買贓物或媒介者，處 5 年以下有期徒刑……」。客觀上邱叔的車行確實是購買到贓車沒錯，但是他心裡必須要有預期「這台車有可能是贓車」，卻仍然決定購買，才會成立刑法贓物罪。

但檢察官要怎麼知道邱叔內心真的沒有犯罪的意思呢？

如何判斷買家知不知道購入的是贓物？

這是一個大哉問，我一直強調，就算是法官也是人、不是上帝，所以沒有全知視角。**要判斷內心想法，必須藉由外在的客觀證據，並與日常生活經驗結合來綜合判斷。**

以邱叔的個案來說，我們必須觀察他在購買這台贓車的時候，價格是不是明顯低於行情太多。還有他經營二手車行多年，照理來說車行對於確認車輛是不是贓車，有一定的SOP流程做法，例如：交車時要求車主交付行照、出廠證明、完稅證明，並核對車牌、車身及引擎號碼與原始資料是否相符等等。這些都是邱叔可以在購買前保護自己的措施。如果他沒有這麼做，很有可能會被法院認定內心具有「就算這台發財車是贓車，我覺得買下來也沒差」的放任故意，法律上稱作「不確定故意」，就會因此成立贓物罪。

「蔣律師，被你這樣一說完，我不就變成贓物罪的被告嗎？我現在老實做生意，可沒想再回去過年輕時候的日子。」邱叔額頭上斗大的汗珠從眉峰滑落。

「我們律師就是來幫你想辦法的，你先別慌。」

「你先確認當初介紹這台的車子的同行真的有傳訊息，拍胸脯跟你保證說車子沒問題；然後告訴他我們之後會傳喚他作為證人，證明我們有說過不收贓車，才有可能一拚不起訴。」我再補充道。

案件未完待續……

大明星也會買到贓車！

　　2009 年 7 月某天，五月天樂團的鼓手冠佑被警方持搜索票搜索。原因是警方追查一個贓車集團，發現該集團以中古車行作為掩護，由車行偽造贓車的車籍資料，再以低價賣出。其中一輛BMW大七轎車，就是登記在冠佑名下。冠佑主張這輛車二手車市場價約 250 萬元，他自己是用 118 萬元的價格，再加上朋友欠他的債務 118 萬元，共 236 萬元購買該車。後來檢方採信他的說法，並查明確認冠佑確實「不知情」，因此未起訴他。這件事告訴我們，社會走跳久了，一不小心真的會買到贓物。

報加班費卻外出打混，
小心成立貪污罪？

　　黃桑年過五十，在清潔隊服務超過 30 年的他已經是文山區的小主管，不久前黃桑卻遇上了麻煩。某天清晨，調查局大隊人馬衝進他家開始搜索，翻箱倒櫃卻什麼東西都沒查扣到，等我趕到調查局現場，只見他一頭霧水的坐在小房間內，顯然還不知道到底發生什麼事。

　　經過我向調查局長官探聽之下才知道，原來是上個月政風處接獲密報，指出文山區的多名清潔隊人員，長期在下午的休息時間報加班，有領取加班費卻沒有實際加班，被舉報的人就包含黃桑。一查發現，黃桑加班時的手機基地台位置，還真的跟他家裡連接到的是同一個基地台，政風處因此判斷他表面上是在加班，其實是在家裡偷懶，於是報請調查局發動搜索。

「黃桑，調查局長官這樣跟我說，是真的還是假的啊？」我趁律師接見的短暫時間，趕緊向他確認案情。

「當然不是啊！我怎麼可能拿我的工作來賭，我猜是因為我們清潔隊的第二辦公室也在我家附近，才會連到跟家裡一樣的基地台。」

「哇靠，有這麼巧的事情！」

「對阿，而且剛剛長官跟我說我都沒待在辦公室，外出打混，我聽了快昏倒，那是因為我是主管的關係，我也要負責支援其他小隊的同仁，才會出外勤幫忙他們耶。」黃桑說完，讓我覺得案情露出一絲曙光。

「我們待會一定要仔細向長官說明，因為公務員詐領加班費是重罪。」我仔細叮嚀他。

詐領加班費也是「公務員貪污」的一種！

公務員詐領加班費的規定，依照貪汙治罪條第 5 條第 1 項第 2 款：「有下列行為之一者，處 7 年以上有期徒刑……：二、利用職務上之機會，以詐術使人將本人之物或第三人之物交付者。」法律上把本罪稱作「利用職務詐取財物罪」，常見的案例像是公務員謊報加班費、車馬

費、加菜金等等。舉例來說，之前就有爆出國軍少將因為把包含下屬親友的餐費 2,880 元報公帳，就被重判 4 年半，最後被總統特赦才解套的新聞。

回到黃桑的個案，後來我們懇請調查局長官查明他是有實際加班的，而非虛報加班費。我們先請他的同事、長官出面作證澄清他確實有出外勤的任務，再向中華電信查詢基地台位置，證明他的家裡跟第二辦公室連結的基地台位置真的是同一個！最後黃桑順利獲得不起訴處分，還他一個清白。

基地台也能判斷詳細位置？

大家知道警察在辦案的時候，也會向電信公司調取基地台的歷程紀錄嗎？首先，只要是有插上 sim 卡的手機，其實無時無刻都在尋找附近的基地台連接，警察也知道這點，在偵辦集團犯罪的時候，警察就會利用基地台的位置，去確認這些犯罪分子都在哪些固定區域活動。舉例來說，詐騙集團都會租下一個住家當作機房，警察會觀察每個被告在同一時間都連接到同一個基地台，來確認他們「有可能」聚集在一起為非作歹。為什

麼會說「有可能」呢？因為基地台的功能只是提供訊號給附近一定範圍內的手機連接，今天就算是兩支手機同時連接到同一個基地台，兩支手機的主人也不一定處在同一個空間。如果想要確認詳細位置，以目前的科技偵查技術只有「M化車」可以辦的到（大家可以自行估狗「M化車」，我覺得真的是辦案神器）。

貪污罪這麼重，能不能給個機會？ ▶ 再多懂一點

正是因為這條罪這麼嚴重，法律上還是要給真的有詐領加班費的公務員一個機會：如果犯罪後自首或於偵查中自白（按：自白就是承認對自己不利的事情），並且把詐領的犯罪所得全部繳交，又因此抓到其他也有參與在內的人，可以減輕或免除其刑。此外，如果詐領的總金額低於 5 萬元，一樣可以減刑。

被討債公司公布個資，
即使打馬賽克也違法！

今天趕來諮詢的吳先生頭髮蓬亂，像是剛剛經歷一場世界大戰一般。我注意到他的黑色防風外套上沾有一點紅色油漆，使得我對他更加好奇。

原來是前陣子吳先生的公司周轉不靈，一時軋不過來，後來經過朋友介紹一家「百富錢莊」，吳先生向錢莊借了一些錢應急，沒想到因為疫情的關係，導致公司直接倒閉，還不出錢來。

今天早上，百富錢莊養的十幾個年輕人到吳先生家樓下叫囂。他們一看到吳先生走出來，就對著他大喊「要你死！」，拿著冥紙、紅漆朝吳先生家鐵門潑灑，而且還在附近的鄰居門口貼傳單，傳單上面寫說「欠錢不丟臉，丟臉的是躲起來不處理、50 幾歲的人了，出來面對，別

把你們吳家的臉丟光！」

「傳單上把我的名字、電話、身分證全都印上去了，我該怎麼辦？」吳先生拿出熱騰騰的傳單給我看，上面還沾有紅色的油漆。

我跟吳先生說，雖然欠債是事實，還錢天經地義。但債主在催收的時候，如果用了過度激烈的手段，很有可能會觸法而不自知（或是根本覺得犯法也沒差？）。

討債時撒冥紙與潑漆，可以嗎？

首先，撒冥紙的行為代表什麼意思？法院認為依照民間習俗，冥紙為供奉死者在陰間使用的貨幣，帶有不幸的寓意。若對生者撒冥紙，有提供對方赴陰曹地府的盤纏，或讓對方沾染晦氣，可能有「詛咒死亡」的意思，可能成立刑法第 305 條恐嚇危安罪：「以加害生命、身體、自由、名譽、財產之事恐嚇他人，致生危害於安全者，處 2 年以下有期徒刑……」

But 就是這個 But，恐嚇危安罪成立的前提，必須是恐嚇行為可以靠「人力支配」完成，例如叫底下小弟拿球棒去砸店等等；如果只是單純怪力亂神，無法經過科

學驗證（例如扎小人作法），充其量只算是騷擾而非恐嚇行為，關於恐嚇危安罪的詳細案例，我們會在 P.160〈被恐怖情人詛咒天打雷劈、下地獄，是恐嚇吧！〉提到。

回到吳先生的個案，如果能夠證明年輕人在灑冥紙的時候還有口出惡言，配上例如「要你死！」之類的話語，造成吳先生心生恐懼，如此才會成立恐嚇危安罪。至於年輕人潑漆的行為，若是後續無法完全清除紅漆，導致鐵捲門的美觀跟功能受到破壞的話，則是會成立刑法第 352 條毀損罪。

嘿！個資法才是重頭戲

談到個資的種類，可能會讓大家大吃一驚，發現個資法要保護的個資範圍，竟然遠比想像中來的大。依照個資法第 2 條第 1 款規定：「個人資料：指自然人之姓名、出生年月日、國民身分證統一編號、護照號碼、特徵、指紋、婚姻、家庭、教育、職業、病歷、醫療、基因、性生活、健康檢查、犯罪前科、聯絡方式、財務情況、社會活動……」總之，只要是能夠直接或間接識別特定人的資料，都是個資。

很多人會有疑問，沒想到連名字都算是個資，難道只要公布別人姓名就會犯法嗎？答案是不一定。對於較不敏感的個人資料，我們只要是基於「特定目的」並在「必要範圍」內利用，就不會觸法。例如交友網站會讓善男信女填寫生日、職業跟是否已婚，目的是為了能夠更精準配對，這都是符合個資法的利用行為。

以吳先生的個案來看，百富錢莊之所以會有他的個人資料，是因為當初在借款時，百富錢莊要求他留下姓名、電話、身分證等等個資，目的是為了將來可以方便連絡催討債務，或是更進一步向法院提告還錢。但如果百富錢莊在傳單上面公布個資的方式來威脅吳先生還錢，就算有用馬賽克遮蔽部分個資，或把名字改成「吳X明」，只要可以讓人識別出欠錢的人是吳先生，超出了當初蒐集個資的目的與利用範圍，就會違反個資法。

違反個資法，怎麼處罰？

洩漏個資的法律責任，依照個資法第 41 條規定，最重可以判處 5 年以下有期徒刑，並處罰最高 100 萬元的

罰金。由此可見在資訊日漸發達的年代，法律對於個資的保障也越來越嚴格。

「我直接陪你去報案，順便請轄區警察調閱監視器保存證據。」我說。

「沒問題，就照您說的做！」吳先生點頭如搗蒜。

雞排妹大戰陳沂，公布手機號碼就違法？

2021 年 5 月初，雞排妹和陳沂在直播時開戰。陳沂先指控雞排妹用Line狂打電話給她，之後雞排妹唸出陳沂的私人手機號碼，陳沂當場尖叫打斷。後來雞排妹頗有創意，在臉書PO出一張色卡，色卡上有 16 進位色彩編號的 6 位數字，暗示陳沂的手機末六碼。陳沂怒告雞排妹，雞排妹最後被法院認定違反個資法，判刑 4 個月有期徒刑。這件事告訴我們，電話號碼也是個資的一種喔，隨便公布十分不智。

「特種個資」可不能隨便蒐集！

像是病歷、醫療、基因、性生活、健康檢查、犯罪前科等等，都屬於「特種個資」，原則上不能隨便蒐集特種個資，除非法律另外有規定允許蒐集。

那麼在什麼情況下，法律有明文規定可以蒐集特種個資呢？舉例來說：醫師法、醫療法規定醫生可以合法蒐集、增刪修改病歷。但是請注意，醫生可以蒐集病歷，並不代表可以無正當理由隨意洩漏出去喔。

> 竊盜罪

路邊的紙箱沒人要？
小心撿了變小偷！

　　王里長熱心公益，是我十分敬重的大前輩。某天清晨我接到他的電話，電話那頭只聽到他焦急的聲音說有急事相求，一問之下才知道他的里民被警察上門帶走。

　　我火速趕到警察局，坐在候審室裡的是一位頭髮花白、蓬亂的老翁廖伯。沾滿污漬的T恤，隱約透露出他的經濟狀況有不小的問題。廖伯身上散發一股難忍的油垢味，讓在場的警察幾乎是憋著氣跟我說話。

　　「長官好，請問一下我的當事人怎麼了？」我問。

　　「他喔，我們也很無奈，因為附近的腳踏車店上禮拜報警，說他們放在騎樓的紙箱不翼而飛。經過我們調閱監視器，才發現是他把那些紙箱撿走回收變賣。」警察手

指向廖伯回答道。

「律師，我當時真的以為那些紙箱是店家不要的！」
始終低著頭不發一語的廖伯突然出聲。

「很多做回收的窮苦人家都遇過這個問題，你且聽我
分析一番。」

我利用與他接見的短暫時間，向他說明這種「亂撿紙
箱」的行為，很有可能違反竊盜罪。

拆解偷竊行為──「破壞別人對東西的控制權」

首先，竊盜罪規定在刑法第 320 條：「意圖為自己或
第三人不法之所有，而竊取他人之動產者，為竊盜罪，處
5 年以下有期徒刑……」為了讓大家方便理解，以下如果
有提到「竊取」這兩個字，我都會用「偷竊」代替。

何謂「偷竊」？這兩個字在法律上的用語其實有點
饒口，叫作「破壞（主人對東西的）持有後，並建立（自
己對東西的）持有」。

有些人會有疑問，這裡所說的「持有」又是什麼意
思？若要形容，我會說可以把「持有」想成一種「對東

西的控制權」，表現出的是一種法律上的狀態。任何人只要沒有正當理由，擅自破壞這種法律上的狀態，就會有麻煩，而且是刑法上的麻煩。

這裡要注意，持有物品不代表隨身保管。舉例來說，當我們去COSTCO採買的時候，會先把車子停在停車場。雖然之後的一段時間，我們已經走進賣場購物，但是因為車鑰匙從頭到尾都還在自己的口袋（也就是說，只有自己能夠打開車門），所以在購物的期間，就算人已經離開車子，我們仍然保持對車子的「持有」狀態。這時候如果有偷車賊把車開走（破壞持有），他就會因此成立竊盜罪。

回到廖伯的個案，這些紙箱是腳踏車行老闆的，就算是放在騎樓，老闆認為他仍然沒有放棄對紙箱的控制權。廖伯擅自將紙箱拿走回收的行為，顯然是破壞了老闆對於紙箱的持有後，並建立自己的持有，這在客觀上就是一個「偷竊」行為！

拆解內心想法──「不法所有意圖」

「律師，我當時真的以為那些紙箱是店家不要的，因為他們放在騎樓⋯⋯」廖伯又重複強調一次。

「是啊，我相信你。」我安慰他。

如果真的如廖伯所說，他在撿回收的當下，打從心底認為那些紙箱是店家不要的，該怎麼辦？

首先，刑法規定，若一個人要成立財產犯罪（例如竊盜罪、侵占罪、詐欺罪等等），主觀上必須要有一個「不法所有的意圖」。什麼是不法所有的意圖？白話來說，就是被告「內心知道自己在民法上，並沒有權利享有這個財產」的想法。

舉例來說，如果今天廖伯真心認為那些紙箱是別人不要的，那麼他內心其實是這樣想的：「這些紙箱店家已經不要了（拋棄所有權）→既然現在這些紙箱沒有主人（無主物）→所以任何人都可以拿走紙箱（無主物先占）→我就算現在拿走也不會違反民法規定。」以上這段獨白，完美解釋了廖伯的內心為什麼沒有不法所有意圖，倘若如此，他就不會成立竊盜罪。

廖伯隨後被移送到地檢署訊問，好在車店老闆了解他的困境，主動表示不追究他的行為，檢察官決定當庭把他釋放。我不免同情廖伯，了解他只是為了生存，但若因此不小心留下前科，實在有些冤枉。同時我也理解，這是法律為了保護私人財產的秩序，而不得不這麼規定。訊問完畢走出地檢署時，我看著王里長伴著佝僂身影的廖伯緩緩離去，心中不免感嘆，莫忘世上苦人多。

這點小事，「微罪不舉」可以嗎？

廖伯如果最後被檢察官認定成立竊盜罪，檢察官可能會考量因為他偷的紙箱價值非常輕微，加上竊盜罪並非殺人、放火、搶劫這種嚴重的犯罪，導致起訴他的價值太低、浪費太多司法資源，所以在法律上，檢察官還是可以給廖伯一個不起訴處分。舉例來說，之前我有一件案子是當事人偷了幾張公司影印機的A4紙，後來也是用微罪不舉的方式拿到不起訴處分。

「使用竊盜」不是竊盜？

　　舉例來說，我以前準備國考的時候喜歡去讀書館K書，讀完書走出圖書館時，發現外面竟然下起傾盆大雨。我只好先拿走傘桶裡的傘，心裡想著隔天會再將雨傘放回去。當我拿走雨傘的時候，內心知道自己只是借用一下，並沒有要將傘「據為己有」的想法（也就是沒有不法所有意圖），這時候便不會成立竊盜罪。

　　這種有借有還的心態，在法律上稱作「使用竊盜」，而使用竊盜並不是真正意義上的竊盜（OS：法律人就是很喜歡發明這種容易讓人誤會的用語）。

「不法所有意圖」的經典案例——搭霸王車

　　常常聽到計程車司機跟我抱怨：「請問蔣律師，我們載客人最常發生客人搭霸王車的狀況。我們都載他到目的地，他才兩手一攤說沒錢，我們也很無奈，想問這樣他有違法嗎？」

　　我都會回答司機：「這得取決於乘客在揮手攔計程車的時候，內心是不是早就打定主意不付錢？或是到目的

地後才發現自己身上的錢不夠付車資？前者因為內心有不法所有意圖，所以會成立詐欺罪；後者則否。」

　　說到底，乘客內心的心態如何轉變，讓法官、檢察官在認定乘客是否具有「不法所有意圖」的時候產生巨大的困擾，畢竟他們不會讀心術也沒有上帝視角。我們只能從客觀的狀態去判斷客人內心的想法，例如此人是不是搭霸王車的慣犯，或是發現沒錢的當下，有沒有說要請親友代為付錢，或是去超商領錢等等，來判斷他是不是攔計程車的時候就沒打算付錢（具備不法所有意圖），所以我才說社會科學沒有正確答案。

律師，我想當個好人！
申請「良民證」的二三事

　　那天南下新竹開庭，出高鐵站後載我前往法院的司機是蔡大哥，目測 50 歲的他雖然有些許白髮，但穿著車隊發放的夏威夷襯衫除了很有特色以外，也讓他顯得十分年輕有活力。

　　一上車蔡大哥馬上開啟話匣子：「你要去法院喔，你是不是律師，我最近載到很多律師餒！」

　　「對啊，大哥你怎麼知道我是律師？」

　　「通常要搭車去法院的客人，不是律師就是被告，你的穿搭跟談吐很像律師啦！」

　　聊著聊著，蔡大哥突然講到現在連開計程車競爭也很激烈，生意不太好做：「最近啊，我的兩個小孩準備念大學，為了要幫他們準備教育費，我考慮要在下班時間兼差跑UberEats，能多賺一點是一點。」

　　「天下父母心啊，你的小孩有這種注重教育的父母，一定很優秀。」

「但我遇到一個問題，UberEats說要跑他們的外送，必須要先拿一個叫『良民證』的東西出來，但是我不知道我會不會過關耶！」

「大哥，怎麼說會不會過關？」聽蔡大哥這樣一說，激起我的好奇心。

「以前年輕的時候不懂事，那時候愛喝酒、缺錢，朋友就推薦我去一家地下賭場當發牌手，說可以賺比較多，沒想到剛上班不到兩個月，我就被警察抓到，後來給法院判緩刑，我怕這件事影響到我的良民證。」

「大哥，我們就當作是結緣，我幫你分析一下。」

良民證究竟是什麼？

其實良民證是一般民眾口語化的說法。良民證的正式名稱叫做「警察刑事紀錄證明書」。正常來說，如果你是「良民」，那麼良民證上面除了會有你的個資以外，只會簡單記載「在臺灣地區查無犯罪紀錄」幾個字而已，而這正是現在要加入UberEats當外送員的條件之一。

申請良民證的資格？還不算太難拿

但是很多人會有疑問，所謂的「在臺灣地區查無犯罪紀錄」難道就代表這個人「沒有做過壞事（精確來說是沒有違反刑法）」嗎？

這得先從申請良民證的資格說起：依據警察刑事紀錄證明核發條例（良民證條例）第 6 條規定，有以下幾種是申請人雖然曾經犯過罪，但是良民證上面仍然不會有紀錄的狀況。舉例來說，最常見的就是「易科罰金繳納後，5 年內沒有被判有罪」或是「緩刑期滿沒有被撤銷」的狀況。

什麼是易科罰金跟緩刑？通常只要被告違反的不是很嚴重的輕罪（例如過失傷害罪、誹謗罪等等），法院又不希望被告進去監獄關的時候，就會給被告易科罰金或緩刑，讓他們有重新來過的機會。為什麼要給他們機會？那是因為國外已經有研究證實，把人關進監獄短短幾個月，不僅會讓他們丟了工作，也會讓他在裡面認識「壞朋友」，關出來直接變成大尾鱸鰻。

像是蔡大哥說他年輕時雖然曾經被判刑，但是法官有給他緩刑的機會，這時候依照上面的規定，他應該是

可以申請良民證的。除了UberEats以外，據我所知有一些大公司也會要求應徵者拿出「無犯罪紀錄」的良民證，就連以前我要向法務部申請律師執照時，也被要求提出良民證呢，可見良民證對工作的影響。

「感謝蔣律師，我的緩刑十幾年前早就期滿了，也沒有被撤銷，這樣看起來我應該是可以申請良民證！」蔡大哥興奮地說。

「沒錯，不客氣喔！」

從高鐵站到法院的車程並不遠，一下子就抵達目的地。蔡大哥再三向我道謝，還跟我要了一張名片，他說他要跟其他司機分享炫耀說他今天載到一個厲害的律師。

如何申請良民證

可以直接上網google「良民證」，點擊進入內政部警政署網頁，或是手機掃描下頁QRcode。現在不管是親自到警局或是線上申辦，只要備齊身分證等資料皆可申請，符合條件即可在良民證上面記載「在臺灣地區查無犯罪紀錄」。

良民證線上申請：

https://www.gov.tw/News_Content_2_380331

▌ 發生以下幾種種況，良民證就跟你無緣了

依據良民證條例第 8 條第 1 項規定，有兩種狀況完全無法申請良民證，分別是「通緝中」或「判刑確定還沒執行完畢」。以上兩種狀態如果還在進行中或尚未結束，良民證就跟你無緣了。

過年小賭怡情，大賭竟然不行？

　　每逢過年，在家裡擺一桌麻將是不可少的。我的高中同學阿瑋從大學開始就勤練國粹，還因此被封為「雀神」，今年過年阿瑋一如往常邀請我去他家切磋。

　　「謙哥，我家今年擺了兩桌，歡迎你隨時過來摸一把，一台 100 元，小賭怡情一下如何？」阿瑋在小年夜當天捎來一封訊息。

　　「咦？往年不是都開一桌而已，怎麼今年多一桌？」我問。

　　「因為我想說可以找附近的過路客一起來賭，我順便『抽頭*』賺點紅包錢。」阿瑋一派輕鬆的說。

　　「哇，什麼時候開始收抽頭金了？你要小心喔，這個可能會有『提供賭場罪』跟『賭博罪』的問題！」我趕緊打給他解釋事情的嚴重性。

＊**抽頭**：向贏錢的賭徒抽取一部分的利益，交給提供賭博場所的人。

莊家「抽頭」犯法嗎？——提供賭場罪

　　首先是提供給莊家的建議。刑法第 268 條規定：「意圖營利，供給賭博場所或聚眾賭博者，處 3 年以下有期徒刑，得併科 9 萬元以下罰金。」如果阿瑋想要賺取抽頭金，就算是提供非公開的住家或其他私人場所（例如酒店、招待所）給人賭博，還是會觸法。當然，實際上很多莊家都會變相用「清潔費」等等名義規避這條規定，那又是另一個故事了。

賭客也要小心賭博罪？

　　再來是提供給賭客的建議。賭博罪規定在刑法第 266 條第 1 項：「在公共場所或公眾得出入之場所賭博財物者，處 5 萬元以下罰金。」其中「公共場所」很好理解，像是公園榕樹下、車站廣場等等。但是「公眾得出入的之場所」可不太好解釋，白話來說，就是「雖然是私人場所，但是賭客可以自由進入、離開該地方」。總之，雖然過年小賭是人之常情，但是我會建議大家避免出入地下賭場，以免觸法。

「我家應該不算是公共場所吧？」阿瑋疑惑問道。

「傻瓜，但是你讓你家變成『公眾得出入的場所』了啊！」

「你在家裡擺了一桌麻將，如果只是邀請熟識的親朋好友一起小賭怡情，當然不會違法。但今年你打算多擺一桌，讓路過的陌生人也可以自由加入，這時候你家就會變成地下賭場，讓在場所有的賭客違反賭博罪。」我重複強調。

「原來我這麼做會不小心犯法！」阿瑋聽完驚呼一聲。

「你才知道，而且你讓牌桌上的人全部中獎，他們被抓了以後就沒人陪你打牌了。」

「那你今年要來嗎？我們三缺一。」

「如果你不抽頭、也不找過路客的話，我會考慮。」我笑著虧他。

網路賭博，合法嗎？

以前古早年代網路還沒這麼發達的時候，博弈網站使用的「網路空間」到底算不算「公共場所或公眾得出入的場所」也是爭議連連，後來立委乾脆修法，直接增

定網路賭博罪。結論是：現在登入線上娛樂城賭博，一樣會違反賭博罪！

岔賭一根香蕉，可以了吧！

再多懂一點

可以的。因為不管是賭一根香蕉或一包菸，因為價值輕微，在法律上都屬於「供人暫時娛樂之物」，因此不會違反賭博罪。我還曾經看過有人岔賭一罐養樂多，蠻有創意的。

大麻沒什麼，只是不合法

　　那天來了一位讓我很難忘的當事人。Miranda穿著棉麻露肩上衣，隨意披著波希米亞風襯衫，及腰的金色捲髮讓她更顯得奔放不羈。Miranda一開口就告訴我她的職業是「女巫」，這還不是最讓我吃驚的，她還說女巫們會一起聚會，目的是為了觀想世界和平。她說某一天當女巫們正在聚會時，門口突然出現警察狂按門鈴要求進門。當女巫們一打開門警察便衝了進來，把每位女巫都帶回派出所驗尿，理由是附近鄰居報警說聞到濃濃的大麻味。

　　「所以你們當天真的有一起呼麻嗎？」我問。

　　「不瞞您說，呼麻可以讓我們更進入狀態，我當天確實有抽大麻菸。而且我也配合警察驗尿了，不出意外應該會是陽性反應（也就是驗出毒品反應）。」

「你們除了大麻以外,還有用上其他的藥物嗎?」

「我是沒有啦!但是另一位女巫『莉莉』還有帶『迷幻蘑菇』自用,因為她說迷幻蘑菇可以讓她的思想源源不絕迸發出來。」

在臺灣,你該知道的毒品分類!

Miranda的回答真讓我不知道該哭還是該笑,女巫們聚在一起嗑藥這件事情可大可小。首先,在臺灣毒品總共分成四個等級,第一級最嚴重、第四級最輕微,我們可以從下面的表格一目瞭然。當然還有更多你聽都沒聽過的毒品,只是在官方的分級表中都是以「化學式」呈現,這可難倒高中化學被當掉的我。完整版可以直接Google「毒品分級」。

分級	毒品種類
第一級	古柯鹼、鴉片、海洛因(四號)、嗎啡
第二級	安非他命(冰毒)、大麻、搖頭丸(MDMA)、迷幻蘑菇、浴鹽
第三級	愷他命(K他命)、一粒眠、FM2、咖啡包
第四級	咖啡包(咖啡包摻雜許多不明成分,所以有可能也含有三級毒品成分在內)

講到這邊，Miranda跟我保證她只有吸食二級毒品大麻而已，她說她有點眼花撩亂，但這還只是毒品案件裡的第一步「分類」而已。

毒品分類完了，然後呢？

第二步「吸食（施用）毒品會受到什麼處罰？」，依照毒品危害防制條例第 10 條規定，施用第一級與第二級毒品的刑度分別高達 5 年、3 年以下有期徒刑，刑度可不輕。如果是吸食三、四級毒品，雖然刑法不處罰，但還是會被處 5 萬元以下罰鍰，此外還得接受毒品危害講習，有點像是去上課聽講。總之，以Miranda吸食大麻的狀況，她有可能會被判 3 年以下有期徒刑。

吸毒罰好重，能不能不要進去關？

Miranda聽我說完嚇一大跳。她說那些女巫學姐跟她分享，如果只是單純呼麻，不會嚴重到要被關進監獄，是真的嗎？那之前新聞上常見的明星、網紅吸毒被關進「勒戒所」又是怎麼回事？

從前世界各國發起毒品戰爭，希望用重罰毒蟲的方式遏止歪風。但隨著時間過去，吸毒的人口反倒直線上升。後來政府與專家慢慢理解到，我們無法用重罰的方式阻止他們繼續吸毒，而且一旦被關進監獄，反而會讓他們在監獄認識更多藥頭。所以目前的毒品政策認為，吸毒的人比較像是「病人」而非犯人，我們應該讓病人去醫院治療，而不是把他們關進監獄，顛覆各位想像了吧！

因此毒品條例規定，對於吸毒的被告，檢察官可以在偵查中先擇一選擇「戒癮治療」、「勒戒」這兩種治療方式，讓吸食毒品的被告接受治療，而不是把他們起訴、讓他們坐牢。總之就是給他們一個重新來過的機會啦！只要被告乖乖完成療程，療程期間沒有再被驗出毒品陽性反應，就不會被關進監獄。所以Miranda的女巫學姐經驗談，某種程度上是對的。

「戒癮治療」與「勒戒」的差別在哪裡？

兩者最大的差別，就是戒癮治療只需要定期到醫院接受驗尿，而勒戒則是要實際去到「勒戒所」執行。所以只要進去勒戒所，就等於被剝奪人身自由了！依照我

的辦案經驗，檢察官通常會優先給予被告戒癮治療的機會，而不是直接向法院聲請勒戒。我請Miranda放心，她還是可以在外面繼續當她的女巫，只是這次要進入狀態的時間就得拉長一些了。

「蔣律師，聽你說完我心中的大石稍微放下了！下次女巫聚會我們可能會選在大麻合法化的曼谷。」

「確實是個好地點，不過要提醒妳，戒癮治療期間只要被驗出毒品陽性反應，檢察官還是會撤銷戒癮治療喔，就算是在曼谷呼麻也一樣。」

一些無關法律的真心話——大麻合法化？

現在有很多年輕人倡議大麻合法化。對此我認為相比大麻來說，紙菸更傷身，所以只要確認大麻沒有成癮性（注意！此部分需要嚴謹的學術研究確認），基本上要大麻合法化我沒什麼意見。但從另一個角度來看整件事情，一旦大麻合法化，將會劇烈衝擊到菸草商的利益，所以自然會有隻看不見的手在阻擋這項倡議，這也不算太意外。

「我不同意搜索！」
面對警察不合理的要求，
我可以說NO嗎？

　　阿傑看起來 20 歲出頭，穿著黑色阿瑪尼T-shirt、脖子上掛著純金項鍊，十足少年董的架式。某天半夜他突然打給我，似乎有緊急的狀況發生。

　　「蔣律師，警察現在在我身邊，一直說要看車子的後車廂。我不知道要怎麼辦，他們說如果不給他們看就不讓我走！？」

　　「發生什麼事了，為什麼警察要看你的後車廂？」

　　「我今天開我那台賓士C300 去我朋友的招待所唱歌，結束後我開車從市民高架下交流道，突然就有一輛警車開到我旁邊叫我路邊停車。我一下車他們就說我臉色不好，質問我是不是吸毒，還把手伸進我的口袋找毒品，現在他們要求我開後車廂。」

　　「他們還說『既然你沒有吸毒，那你打開後車廂讓我

看一下，沒有毒品就讓你離開』。」阿傑補充道。

「這是警方常見的話術，你剛剛口袋有被搜到毒品嗎？」

「當然沒有！那是以前年輕不懂事才嗑藥，現在我早就不吃了。」

「你這個是違法搜索。你把電話拿給警察，我來跟他們講。」

阿傑把電話拿給警察，我劈頭就問警察有沒有逮捕我的當事人？有沒有出示搜索票？想當然爾，阿傑並沒有被逮捕、警察也沒有搜索票，在我一陣質問下，警察只能悻悻然讓他先行離去。隔天一早阿傑來我事務所開會，一講到昨天晚上的事情他就很氣，直言一定要採取法律行動。

▍警察要求翻找車子、口袋，絕對是搜索！

首先，今天警察不管是把手伸進阿傑的口袋，或是翻找後車廂的行為，在法律上都稱作「搜索」。因為搜索行為已經強烈侵害憲法保障人民的身體、財產、隱私及居住自由權，所以必須經過嚴格、正當的法律程序，才能

避免國家公權力任意擴張，而發生警察隨時上門「查水表」的誇張情況。

搜索要有搜索票，否則就是「無票搜索」！

臺灣的搜索制度源自歐美國家，採取的是「令狀原則」也就是說，若偵查機關要發動搜索，原則上要有「搜索票」才能搜索。只有在極度例外的狀況下才能「無票搜索」。

以前古早時代，偵查中核發搜索票的權利掌握在檢察官手上，檢察官可以自行決定是否發動搜索，導致民國 90 年左右，發生「中時晚報報社」搜索事件。該次搜索雷聲大雨點小，檢察官最後只帶走一份報社新聞規劃表，但此舉已經嚴重侵害新聞自由，而引起軒然大波。

輿論認為當檢察官可以自由決定是否發動搜索，沒有受到任何公正第三方的監督時，實在太容易濫權、違法搜索了。所以立法院緊急於同年修法，把決定是否核發搜索票的權利，改成完全交由法官判斷，法律上稱作「法官保留原則」。

▋「無票搜索」原則違法，例外四種情況才合法

我們前面提到，搜索以有搜索票為原則，例外才能「無票搜索」。無票搜索有 4 種情況，分別是**附帶搜索、（對人）逕行搜索、（對物）緊急搜索、同意搜索**。其中附帶搜索、同意搜索這兩種狀況，一般人比較常遇到，就像是餘悸猶存的苦主阿傑一樣，本篇只講這兩種狀況。

▋什麼是「附帶搜索」？警察得先拘捕你！

附帶搜索的目的，是為了防止被拘捕的被告順手湮滅身邊的證據（例如車內的毒品）、還有防止被告拿出隨身攜帶的武器（例如口袋的刀子）攻擊警察。所以附帶搜索便規定，警察可以在拘提、逮捕民眾後，附帶搜索民眾的口袋、背包、後車箱等等。但是問題來了，今天阿傑並沒有被警察用現行犯逮補，所以並不符合附帶搜索的條件，警察未經他同意就把手伸進他的口袋，事實上已經違反刑法第 307 條「違法搜索罪」。

什麼是「同意搜索」？我可不可以「不同意搜索」？

　　「同意搜索」顧名思義就是人民自願放棄憲法對自己隱私權的保護。警察若在「事前」取得民眾出於自由意願的同意，就可以無條件開始搜索。但是我們律師最常遇到的狀況，就是當民眾被警察問到是否同意「自願搜索」時，不知道自己其實可以說不，換言之，大家其實可以勇敢大聲拒絕警察要求。

　　以前法院總是認為，警察在徵求人民同意搜索的時候，不用事先告知人民其實有拒絕的權利。但是大部分的人民都不太清楚「同意搜索其實可以拒絕」。因此現在有法官認為，警察必須要告知民眾有拒絕警察的權利。而且在搜索過程中，民眾可以隨時、無條件地撤回同意，如果警察仍然一意孤行，一樣有可能違反違法搜索罪。

　　「還好有認識你，不然我連可以說『不』的權利都不知道。」

　　「是啊，臺灣的法治教育還有待加強。你如果想對警察違法搜索行為提告的話，我們要先想辦法調閱當天警

方的密錄器，這又是另一個大挑戰了。」

「不會啦，有你處理我放心！」

▌法律防身術

Q1 當遇到警方要求看一下口袋、背包、後車廂，該怎麼回應？

A 請語氣和緩、態度堅定地對警察說出：「我不同意搜索！」然後堅持離開現場。

Q2 如果警察說我不同意搜索是「妨礙公務」怎麼辦？

A 沒有這回事。拒絕搜索是正當行使法律上權利，所以沒有「妨害」公務。

Q3 如果警察說我有前科，我就得同意警方搜索嗎？

A 也沒有這回事。就算有犯罪前科，在警察尚未經過你同意前，還是不能任意搜索。

Q4 如果警察叫我自己翻背包、口袋、後車箱給他們看，可以拒絕嗎？

A 可以拒絕。人民在法律上沒有義務要翻背包、口袋、後車廂給警察看。

Q 5 如果我無照駕駛或酒測值未超過 0.25mg/L，警察要求搜索，我可以拒絕嗎？

A 可以。因為無照駕駛、輕度酒駕是違反道交條例的行政處罰，當人民只有違反行政規定時，警察依然不能任意搜索。

雖然only Yes means Yes！
但沒做的事千萬不要道歉

臺大法律系畢業的政勳應屆考上律師，儼然是典型的人生勝利組。第一次踏進事務所的他，卻不是為了應徵受雇律師而來。一進到會議室，他的注意力馬上就被掛在牆上的「吵架王」匾額吸引。「蔣律師，我也好想當吵架王，但現在卻不知道有沒有這個機會。」他掏出警察局婦幼隊寄來的傳票，上面寫著「妨害性自主」幾個大字。

「發生什麼事了？」

「我今年初玩手遊認識一個女生叫小琪，她小我一歲。我們因為加入同一個公會，在一起打王的過程中慢慢熱絡起來，我們私聊的時候都互稱老公老婆。後來我約她出來看電影，散場過程中她還主動挽住我的手。」

「有一次約會我跟小琪提議，要不要就近到我租的套房聊天，聊天的過程中她頻頻暗示我可以更進一步。蔣律師你是男人你也知道，後來我們就發生關係了。但我發誓我沒有硬上小琪，我們是兩情相悅！」政勳講完低下頭，華人社會對於「性」這件事還是比較難以啟齒。

聽完後我問政勳幾個關鍵問題，例如他和小琪當天有沒有喝酒？他有沒有對她下藥？後來小琪質問他的時候，他有沒有道歉等等。他堅稱都沒有，而且不會為了沒有發生的事情道歉，我心裡鬆了一口氣，告訴他一定要拚不起訴，否則大好前途都毀了。

指交、口交也是性交！？性交的定義比你想像的廣

很多當事人會問律師「在沒有插入的狀況下，口交也算性交的一種嗎？」答案是Yes。刑法對於「性交」的定義其實非常寬廣。不僅規定了傳統上認知的「用陰莖插入陰道」以外，也包含插入嘴巴、肛門的行為。

另外，如果用是用手指插入，或是用其他的物品插入（例如酒瓶、按摩棒）都算是性交行為。舉例來說，之前

某知名導演被爆出強迫女劇組人員口交，一樣會成立強制性交罪。

那條不能跨越的紅線——怎麼看有沒有違反對方意願？

依照刑法第 221 條規定：「對於男女以強暴、脅迫、恐嚇、催眠術或其他違反其意願之方法而為性交者，處 3 年以上 10 年以下有期徒刑。」刑度非常嚴重。至於是否有違反對方意願的判斷標準，目前實務上採取「only Yes means Yes 標準」，也就是雙方必須在性交過程中百分之百、出於自由意志的同意，才不會構成強制性交罪。

而且有法院認為，不能因為女生當下沒有劇烈抵抗，就認為沒有違反她的意願。因為有些女生會害怕如果反抗，可能也會賠上自己的生命。因此法院會綜合案發當時客觀環境、證人說法，以及雙方事後反應，判斷到底是不是性侵害。

遇到「越想越不對勁」，你該堅持自己的立場！

「前面說的是女生保護自己的方式，那像我這種明明

當下你情我願，結果對方事後『越想越不對勁』的狀況，該如何自保？」政勳問。

我建議他，千萬不要在女方質問自己時，隨意地向對方道歉、示弱。因為性侵害案件往往發生在隱密的空間，舉證十分不易。事後雙方的反應，也會被法官作為有沒有成立犯罪的重要參考。

「以前我有一位已婚的當事人明哥，他在交友軟體約砲，事後被砲友質問時，明哥因為怕砲友向老婆告狀，導致婚姻破裂，所以明哥馬上向她道歉示弱。後來明哥就被法官認定是性侵害，法官認為如果他沒有心虛幹嘛要道歉！」我跟政勳分享慘痛的經驗。

性侵害案件，律師的辯護策略？

以我的辦案經驗來說，我會先質疑被害人前後的證詞是否一致，或是被性侵害的過程有沒有矛盾的地方，舉出被告的不在場證明等等。

實務上常見法官要求被告測謊，但是我非常不建議被告測謊，畢竟測謊不具有還原現場的能力，結果也一翻兩瞪眼。若真的被告堅持要測謊證明清白，我們也會

先安排民間的測謊公司，預作判斷。另外，我們也會要求被害人接受醫師的心理鑑定，判斷是否有創傷後反應等等，都是為了確保不要讓清白的人承受冤獄所苦。

後來政勳堅持不接受測謊，檢察官調閱大樓跟路口監視器，發現他們倆完事後，還一起散步去附近逛夜市，一路上有說有笑。在沒有驗傷報告的狀況下，最後給出不起訴處分。下次再見到政勳，他已經在庭上穿著律師袍，一副信手拈來、雄辯生風的模樣。我們互相點頭示意，轉身為當事人奮戰。

如何避免踩到性侵害紅線？

Step 1 發生性關係前確認對方意願，對方若沉默不語或表達拒絕，請馬上收手。

Step 2 保留與對方通聯與對話紀錄，切勿刪除。

Step 3 發生性關係後建議不要馬上斷絕來往，否則顯得可疑。

Step 4 對方事後質問、套話時，堅決否認，千萬別道歉。

　　性侵害是十分嚴重的犯罪，我們必須要讓惡狼受到制裁。若真的遇上這種不幸事件，保全證據最重要，第一時間千萬不要覺得「自己很髒」而跑去清洗衣物或對方殘留的精液，一定要趕快去驗傷、報警，讓警方介入處理。

宇宙無敵爆炸嚴重的「加重」強制性交罪！　　再多懂一點

　　為什麼我會先問政勳有沒有對小琪下藥之類的關鍵問題呢？因為如果只是一般的強制性交罪，可以處 3 到 10 年的有期徒刑。但如果用了更可惡的方式性侵害，例如兩人以上共犯、攜帶兇器、下藥等等，就會成立加重強制性交罪，可是會被判處 7 年以上有期徒刑！

媽媽跟女友掉進水裡，
救了女友的我，竟然成了殺人犯？

　　去年事務所尾牙，大家說好每個人都要上台講一則法律笑話。輪到我壓軸表演時，我深吸了一口氣說道：

　　話說某天我的女朋友隨口問我：「我跟你媽同時掉到水裡，你要先救誰？」

　　「當然先救我媽，因為我對我媽具有『保證人地位』，我有救她的法律義務。」我用堅定的眼神看著她說。

　　「那如果有一天我跟你『結婚』之後，你老婆跟你媽同時掉到水裡，你要先救誰？」她不放棄繼續追問。

　　「……妳是在哪裡偷學了法律嗎？把我給問倒了。」我說。

　　同事們聽完捧腹大笑，讓我成功拿走年度笑話冠軍獎金。其實這是一則經典的法律笑話，當中隱含刑法上的一個概念——保證人地位。

▌犯罪行為一定要是「積極行動」嗎？

　　在講解什麼是保證人地位之前，我先請大家在腦海中想像一個場景：「當一個人要殺人，他會如何行動呢？」此時出現的畫面，可能是柯南劇場版中，犯人用偷偷下毒的方式毒殺被害人，或是昆汀‧塔倫提諾導演的電影「追殺比爾」中，女主角拿著武士刀和黑道大姐頭互相砍殺，最後對方身首異處等等。

　　歸納大家想像的殺人行為，我們可以知道普遍來說：犯人在動手前，通常會先經過精心策劃，最後才會付諸實現，換句話說，以上的殺人行為，都是在物理上完成一個積極、動態的行為。但有沒有一種可能是——當事人完全不用做任何事情（消極不行動），最後竟然被法院判處成立殺人罪？有的，那就是我們今天要說的具有「保證人地位」的人。

▌保證人地位是什麼？

　　「保證人地位」一詞是法律上的用語，用白話文來說，指的是「必須要阻止壞事發生」的人。換句話說，

當我說「你具有保證人地位」時，這句話的意思就是「你必須阻止壞事發生」，否則你可能也會有麻煩，而且是刑法上的麻煩。

舉例來說，今天有一位 6 歲的小男孩在海水浴場游泳時溺水（壞事發生），在岸邊有一群人，其中兩人分別是救生員與男孩的父親。對於救生員來說，拯救溺水的泳客是他的職責所在；對於父親來說，拯救溺水的孩子是他作為父親的義務，他們兩人在法律上都有一個「救人的義務（必須阻止壞事發生）」。如果此時他們袖手旁觀，代表他們已經違反了「保證人地位」，就會成立殺人罪的「不作為犯」（後面會解釋）。

有些人看完會有疑問，那麼其他站在岸邊圍觀的路人們，會不會也因為湊熱鬧而一起成立殺人罪？答案是不會。因為路人與男孩之間沒有任何關係（例如血緣），此外路人也不是受過專業訓練並負責管理海水浴場的救生員，因為路人們在法律上沒有救人的義務，所以即使他們無動於衷，也不會成立任何犯罪。

多樣的社會角色，衍生出保證人地位

刑法並沒有逐條列舉規定「究竟誰在什麼情況下，會負有保證人地位」。但是大家可以思考的是，每個人在生活中都扮演著多種不同的角色，像是我擔任執業律師，雖然平常都在法院開（ㄅㄞˋ）庭（ㄧㄢˊ），但是開庭結束後一回到家，我就會卸下律師身分，成為父母親的孝順兒子，或是女朋友的貼心男友（自己說），彼此互相照顧對方。我們可以發現，多采多姿的社會角色，可能是基於血緣關係（例如父親、兒子）、工作職責（例如救生員、消防員），或是自願承擔（例如登山嚮導）而來，保證人地位正是由各種家庭或社會角色衍生、推論得出。

違反「保證人地位」會怎樣嗎？

當今天發生不好的事情時，具備特定社會角色的人，會被法律授予一個「保證人地位」，也就是法律會交付他們一個「必須阻止壞事發生」的任務（作為義務），若違背作為義務的人，就會成立不作為犯罪。法律上會將成立不作為犯罪的人，看作如同積極犯罪一樣嚴重，

給予相同程度的懲罰。

舉例來說，一位登山嚮導受過醫療訓練，而且自願帶領團員攻頂，如果團員在登頂的過程，因為高山症發作喘不過氣，嚮導也不能夠輕易拋棄他，否則最後若山友休克死亡，嚮導會因為沒有積極協助治療團員，而在法律上成立不作為殺人罪，嚴重程度就好比嚮導親手殺了團員一樣，很嚴重吧！

最後回到我的尾牙笑話，聰明的女友知道一旦與我結婚，我對老婆在法律上就會存在「保證人地位」。當老婆與媽媽同時溺水，我（同時也是老婆的老公、媽媽的兒子）都負有拯救他們的任務，總算讓我沒有任何藉口再逃避「媽媽與女友同時掉到水裡要先救誰？」這種對男人來說的亙古難題了。

保證人地位有哪幾種？

保證人地位百百種，簡單整理成表格如下：

大分類	小分類	角色
有保護義務的人	親人	父母子女、夫妻
	危險共同體	登山隊隊員彼此間
	自願承擔	保母、登山嚮導
	保護義務人	警察、消防員、救生員
有監督義務的人	危險源監督者	惡犬飼主
	管理者	監獄管理員
	危險前行為者	亂丟菸蒂引起火災的人

你的房子不是你的房子，惡房東偷進我的房間該怎麼辦？

　　剛在警察局報案完成的小雅打電話給我，老家在嘉義的她，去年考上陽明山上的大學，就近在大學旁邊租了一間小套房。原本嚮往的北漂生活，沒想到是惡夢的開始。

　　「蔣律師，我剛剛看完監視器，原來是房東幹的好事！」小雅氣憤地說。

　　「發生什麼事了？」我從電話內感受到她的怒火。

　　「從月初開始，我發現房間內的擺設被人移動過。原本以為是我的錯覺，後來更發現好幾套內衣褲不翼而飛，我才驚覺有人偷偷闖進來我房間，監視器拍到確定是住在樓上的房東自己拿備用鑰匙闖進來。」

　　「我覺得這實在是太噁心了，我當下馬上打電話質問房東。他竟然跟我說因為屋主是他，他當然可以進來看

一下我有沒有放違禁品在他的房子裡面，到底房東能不能擅自進入我的房間？」小雅覺得房東的說法好奇怪，但沒學過法律的她聽房東說完，一時也無法反駁。

「當然不行！妳可別被房東的話術騙了。」我很堅定的說。

注意！一旦租下房屋，你就有使用權

當色房東狡辯說進入自己的房子不會有法律上問題時，小雅該怎麼反駁？首先，因為屋主是房東的關係，房東固然能夠自由買賣、出租房屋沒錯。但今天當房東將套房出租給小雅時，在法律上便代表房東將房間的「使用權」轉讓給她，這時候若房東未經過使用權人小雅的同意或無正當理由擅自進入屋內，依照刑法第 306 條規定：「無故侵入他人住宅……者，處 1 年以下有期徒刑、拘役或九千元以下罰金……」房東就會成立侵入住居罪。

難道房東有正當理由，就可以擅自進入租屋處嗎？

像是小雅的房東就宣稱進屋目的，是為了要查看房

間內有沒有違禁品，似乎主張進入屋內查看具有正當理由（有故）。但是所謂的「正當理由」在法律上的解釋非常嚴格。除了經過房客同意的狀況以外，曾經我有一件案子：因為房客上班外出忘記關火，房東看到房間冒煙，趕緊破門進入屋內滅火，雖然當下房東沒有（也來不及）得到房客同意就進屋，但是檢察官認定房東進入屋內具備正當理由，因此不起訴房東。由此可見具備「正當理由」可不是房東單方面宣稱就會成立。

「小心房東會說因為『有正當理由』所以進入屋內查看，例如他可能會說怕瓦斯沒關、檢查冷氣狀況等等，究竟他進入屋內的動機是什麼？一定要請警方查明。至於你的房東宣稱要看你的房間有沒有違禁品，那絕對不是正當理由！」我說。

講到惡房東，你一定聽過張淑晶

惡房東類型千變萬化，以我曾辦過的惡房東案件為例，惡房東會使用便宜建材卻號稱高級裝潢，或宣稱租客侵占租屋物品後，向租客索取天價賠償、坑殺押金等等。最知名的惡房東就屬張淑晶，她曾經於簽約時要求

房客在租約「連帶保證人」欄位偽填親友的姓名、電話，當房客在填寫時有疑慮，她會宣稱只是作為緊急聯絡人之用，「沒什麼大不了的啦！」之類的話術。等到房客簽約發現房子屋況糟糕，決定不入住或不續租時，張淑晶就會要求房客與親友連帶賠償，若房客拒絕，張淑晶便控告房客偽造文書，實在有夠誇張。

「蔣律師，這次我一定告死房東，還有我已經找好新房子了，明天就會搬走。」小雅怒火難消地說。

最後，警方在房東的屋內發現小雅的內衣內褲，色房東這才百口莫辯，依法送辦。

房東、房客自保術　再多懂一點

- **房東可以這樣做**：當然不是每個房東都像張淑晶這樣，像是我目前的房東就是天使房東，不管有甚麼東西壞掉，只要一通電話有求必應。建議各位包租公（婆）不管是基於維修家具、水電或其他理由，在進入租屋處前，最好是用傳文字訊息的方式得到房客同意，以免後續起爭議。
- **房客可以這樣做**：新屋入厝時，記得檢查有無被裝設針孔攝影機，此外我會建議房客可以把房子的門鎖換掉，這在法律上是沒有被禁止的，等之後要退租時，可再和房東商量是要「現況還屋」或是「回復原狀」（把原本的鎖換回來）。

不要一直跟著我！
拒絕恐怖追求，你還有這一招

陳先生打給我的時候，周遭環境吵雜，除了警車鳴笛的聲音外，我還隱約聽到有個女生蹲在一旁啜泣的聲音。

「蔣律師，我被警察逮捕了，他們說我跟蹤騷擾她。我沒有這麼做，我只是剛好巧遇她！」陳先生大聲喊冤。

「喔，他們現在會帶你回警局作筆錄，你把手機拿給警察聽。」對於他的說法，我多半持保留態度。但作為他的律師，我還是跟長官確認待會要把他扭送哪個派出所。

「你們這個已經是累犯了。」在派出所內，警察語氣冷淡的說。

「是啊。」我已經看出陳先生造成他們多大的困擾，說話的同時我一邊用目光找尋他的身影，發現他被手銬

銬在椅子上，身體癱軟不發一語。

「這次恐怕沒這麼好處理，因為『跟蹤騷擾防制法』已經正式上路了。」我對他說。

「蔣律師，我這次能回家嗎？」陳先生用近乎哀求的口氣問我。

「我不敢保證，上次你已經被警察告誡過一次，現在被害人要聲請保護令，檢察官也要偵辦你的跟騷行為，我真的不敢保證。」我嘆了一口氣說道。

還記得上次陳先生告訴我一個毛骨悚然的故事：他去年應徵上一家科技公司的內勤職員工作，公司內有個女生也就是本案被害人，一開始對他的到職表示歡迎，但是陳先生卻誤認為她是在表示好感，於是對她展開一連串的恐怖追求。

他先是在女生的辦公桌上放玫瑰花與示愛信，等到女生下班後，他還多次尾隨到她家門口堵人，連番騷擾下，女生不堪壓力離職。後來他又不知道從哪邊打聽到女生的新公司，直接跑去女生的新公司送所謂的愛心便當，並大喊「老婆我愛你！」

反覆持續的騷擾事件堆疊，造成女生的精神壓力山

大，近乎崩潰。女生當然受不了決定報警處理，當時警方依照跟騷法對陳先生開出「書面告誡」處分，警告他不要再犯。但沒想到陳先生屢勸不聽，終於捅了個大簍子，這次他尾隨女生並沿途對路人失控大喊這是我老婆，警方當然以現行犯逮捕他。

跟騷狂退散！你知道跟騷法僅限於「與性有關」嗎？

　　人與人之間都有一條無形的界線存在，界線的距離會因為彼此的關係親疏遠近有所不同。如果界線被任意打破，那可是會造成別人的巨大困擾。從前不當的跟騷行為，通常只能用「社會秩序維護法」處罰鍰 3,000 元，好消息是現在我們可以用跟騷法處罰了。2022 年 6 月正式上路的跟騷法，就是為了劃清人與人之間那條無形的社交界線。

　　依照跟騷法，要成立跟蹤騷擾有三大條件：
　　持續做出違反對方意願→而且與性或性別有關之行為→使對方心生畏懼，足以影響日常生活或社會活動，如此就會成立跟騷行為！

以我的經驗，常見的例子像是：只見過一兩次面的網友（或是上班好同事，下班不認識的公司同事），其中有人不小心暈船，於是對對方展開不當追求；或是覺得醫生很有魅力的病人，幻想演出帥氣醫師俏病人的劇情（別懷疑，律師也有碰過），一樣對對方做出不當的跟蹤、騷擾行為，例如寫信、傳訊息，或是站在店門口或樓下盯哨等等。依照警政署統計，最常見的三大跟騷行為，分別是通訊騷擾（24.8%）、盯梢尾隨（21.5%）、監視觀察（17.5%）。

要注意的是，跟騷法規定要處罰的範圍，限於「性或性別有關」的事件，例如若是有網友在論壇與別人發生口角爭執，用仇恨性言論私訊怒罵對方，甚至跑到對方公司叫囂理論；或是地下錢莊為了討債，跟蹤債務人威逼還錢，這種行為通通不適用跟騷法，只能回到普通刑法處理。

另外，如果是家暴案件，因為家庭暴力防治法的規範更嚴謹、完善的關係，所以我們也不會使用跟騷法，而是用家暴法處罰。

　　為了限制跟騷行為，跟騷法制訂了三道關卡，順序分別是「書面告誡→保護令→刑事處罰」。以陳先生的個案來看，累犯記錄連連的他，已經因為前一次的跟騷行為被警察開出書面告誡，兩年內他又做出跟騷行為，這時候被害人就可以向法院聲請保護令，保護令會詳盡記載禁止陳先生做出不當追求行為，而他再度違反保護令的下場，就是會被法院判處 3 年以下有期徒刑。

　　此外，跟騷法採取「雙軌制」，被害人除了走告誡、保護令一途，還可以同時向地檢署提告。如果陳先生在跟騷女生時攜帶凶器、危險物品（例如：水果刀、辣椒水等等），就會違反加重跟騷罪，最重可以處 5 年以下有期徒刑！

　　我們可以觀察到，加重跟騷罪的刑度與刑法傷害罪的一樣重（都是罰 5 年以下），不外乎是因為立法者認為因為被跟騷導致心理受到的創傷，與外在肉體受到的物理傷害相比，兩者一樣嚴重，才會做出如此規定。

　　「不只如此，我跟你說還有更嚴重的。」我說。

「是什麼？」陳先生全身顫抖地問。

「跟騷法還有規定，如果你違反保護令而且繼續對那個女生跟蹤騷擾，法官還可以叫警察把你抓到看守所『預防性羈押』，我有個當事人就是因為這樣被羈押整整兩個月，現在還沒被放出來。」我嚴厲地說。

「蔣律師，我不敢了、我不敢了！我因為有躁鬱症，所以控制不住我自己。」陳先生開始大哭求饒。

「不是我說的算！我等等會幫你跟檢察官解釋，但是你這樣真的造成別人很大的困擾，我希望這是最後一次發生。」內心拉鋸的我吐出這幾句話，隨後「生死未卜」的陳先生被移送地檢署複訊，靜待司法認定。

最後想和大家分享，我很欣賞的獨立媒體「報導者」曾經針對跟騷法專題報導，其中有一段落描述被害人的心境，讓人感觸頗深：「王秋嵐（按：現代婦女基金會研究員）提到……如果問跟騷被害人，最近行為人有沒有再跟蹤騷擾？他（被害人）不會跟你說結束了，他會說，『我不知道他有沒有跟蹤我』。她形容，跟騷犯罪就如『背後靈』。被害人不知何時能解脫，恐懼蟄伏在黑暗中，彷彿隨時都會再攫人而食。」

你要他的利，他要你的本！
「龐氏騙局」的不法吸金陷阱

　　姚小姐神情略顯緊張，一直在會議室來回踱步的她，頭始終低低的，一副若有所思的樣子。姚小姐是一位櫃姐，雖然手背上的青筋略為明顯，猜得出來她年過四十，但因為保養得宜的關係，如果不仔細觀察，很難看得出她的年紀。直到輕啜了一口洋甘菊茶，她的表情才稍微舒緩開來。

　　「蔣律師，這是我這輩子第一次踏進事務所，我從沒想過會收到地檢署傳票。」她把對折兩次的傳票很整齊的攤開在桌上，傳票的邊角被她因為緊張所流的手汗給沾濕，上面寫著「銀行法」幾個大字。我心中直呼不妙，又來了，這已經是這個月的第三件。

　　「妳該不會也是『比特幣世界』挖礦資金盤的投資人

吧？」

「蔣律師你怎麼會知道！」姚小姐驚訝的問，開始說出事情的經過。

「去年的時候，我一個很要好的高中同學，說她那邊有個很不錯的投資方案，問我想不想去聽聽看。她給了我一場說明會的宣傳單，那場說明會的主講人是一位中年男子，別人都叫他『柯老師』。他自稱是『比特幣世界』集團的CEO，站在台上口沫橫飛的分享，說他們集團在台電大樓附近租下一整層的機房，裡面已經擺了200台比特幣挖礦主機，號稱每個月可以給投資人用本金計算20%的紅利，而且現場還有其他投資人上台見證，每個人看起來都好風光！」

姚小姐說她當時一聽覺得十分心動，想說這樣只要投資5個月就可以回本現賺一倍，於是先把這些年工作存的200萬元先投入試水溫，一開始真的有按月領到紅利，之後柯老師接著說服她再把領到的紅利繼續投資「比特幣世界」，她也照做了。

「後來妳是不是覺得這個投資方案很好，介紹身邊的人一起加入？」我問。

她說因為「比特幣世界」有個拉下線的制度，只要是因為自己介紹而加入方案的親友，介紹人也可以領到一筆業績獎金。所以她後來找了櫃姐同事、高中同學、娘家親戚一起投資這個方案，前前後後找了 8 個人，他們的總投資金額加起來大概有 300 萬元。他們剛開始確實有收到紅利點數，但這些點數是都是用「比特幣世界」電腦系統下去計算的，從來沒有成功領出來過。

　　直到今年過完年後，姚小姐的親友們想要撤回投資，把本金加紅利領回來，卻被客服人員一拖再拖。客服人員先是答應出金之後卻沒下文。「我就傳Line問柯老師，柯老師只說他會跟團隊了解一下狀況。過了一週，我發現我被柯老師封鎖，隔天新聞跑馬燈就爆出『比特幣世界』集團被地檢署搜索的新聞。我一開始還不相信，親自跑去辦公室，結果發現早已人去樓空，現場只剩下拉起封鎖線的警察，還有其他跟我一樣血本無歸的投資人。」

　　姚小姐對那些被她拉來投資的親友們感到很不好意思，只好先用自己的存款加上到處去借錢，把他們投資的金額先賠給他們，沒想到上禮拜突然收到這張傳票，她現在真的不知道該怎麼辦……

什麼是「龐氏騙局」？後金養前金的邪惡陰謀

「比特幣世界」其實就是俗稱的「龐氏騙局」。龐氏騙局簡單來說，就是詐騙集團會先推出高額獎金的保本投資方案，吸引一般社會大眾投資，再利用人們貪小便宜的心態，例如推薦身邊親朋好友一起加入投資，介紹人就可以拿到更多獎金或紅利。事實上「比特幣世界」投資方案從來沒有實際運作過。

柯老師只是拿後面投資人的本金，去支付前面投資人的獎金（俗稱後金養前金），如此運作下去總有一天會因為後金不夠填補前金，導致整個方案戛然而止。柯老師捲款潛逃、投資人血本無歸，這些「沒有下車」的投資人更有可能因為介紹他人投資，而從被害人角色變成被告。

不小心成為龐氏騙局的被告，只能無語問蒼天？

類似這種保本投資方案，必須要留意銀行法的適用。依照銀行法第 29 條第 1 項、第 29-1 條規定，只要不是銀行就不可以任意收取其他人的存款，更不能用返還高額獎金、紅利等等的投資方案作為誘餌，去吸引一

般社會大眾投資，否則就會被用同法第125條規定處罰。因為龐氏騙局非常容易吸金超過一億元的關係，所以法定刑期會從7年起跳，只能說超級嚴重。

聽完這些，姚小姐的眼眶有點泛淚：「為什麼！難道我只是投資人也會有罪嗎？」看得我有點於心不忍，十個誤觸銀行法的當事人，有九個會在開會時大哭。

根據我打銀行法官司的經驗，詐騙集團的決策核心柯老師通常在投資方案無法繼續運作下去時，就會連夜捲款逃往國外（據我所知，目前公認的逃亡聖地是「萬那杜共和國」），最後要留下來面對司法的，只會剩下自己也被騙，但同時有推薦親友投資的姚小姐。

所以說並非只要是被害人就一定沒有法律責任喔！例如姚小姐後續介紹親朋好友一起加入投資，很有可能被檢調機關認定為是犯罪集團的成員，而被用銀行法起訴。大家可能會覺得這樣也太衰了吧，怎麼自己虧本而且還要拿存款賠償親友先不說，還被檢方以重罪起訴？沒辦法，法律就是這麼規定的。

只有介紹身邊親友投資，有可能無罪嗎？

當然，站在律師的立場，正是因為她自己投資獲利在先，才「呷好道相報」介紹身邊最要好的親友一起投資，再加上銀行法要處罰的是「危害到國家金融秩序」的行為。既然姚小姐介紹親友的行為沒有透過說明會、分享會公開站台，或對台下的一般投資大眾演說分享，姚小姐當然可以主張只對「特定少數人」介紹方案，沒有危害到國家金融秩序的穩定，因此沒有違反銀行法，而且這個抗辯已經被法院廣為採納了！

「蔣律師，我知道了！看來我不是完全沒機會無罪。」姚小姐擦了擦眼淚說道。

兩年過去了，姚小姐的案件至今仍然持續在法院審理中，未完待續……

一些無關法律的真心話

像是這種「被害人兼被告」的狀況在銀行法的案件中層出不窮，形成「弱弱相殘」的局面，導致親友間反目成仇的例子所在多有。說到底，諸如此類資金盤的騙

局，正是鎖定人類貪小便宜的心態，被告面臨刑事責任不說，銀行法的審理期間漫長（超級長，很多案發後超過十年的案子都還沒確定），對被告都是身心的煎熬。一旦被判決有罪，最後還要面臨民事賠償。

可能大家會有疑問，難道政府單位就沒有一個窗口可以讓民眾詢問、核實是不是龐氏騙局嗎？答案是目前還真的沒有。例如最近鬧很大的「im.B不法吸金案」就是用「P2P債權轉讓」的外觀來吸引社會大眾投資，最後主嫌成功吸金90多億元。im.B公司在不法吸金的期間，還曾經參加過金管會指導的金融科技展呢！說起來還真是諷刺。

最新龐氏騙局手法？

目前最新的龐氏騙局話術，則是犯罪集團不收新臺幣，改為收取投資人的虛擬貨幣（例如USDT泰達幣，俗稱美元穩定幣），並約定保證給付虛擬貨幣。因為此種手法完全不涉及新臺幣的交換，形成法律漏洞，難以處罰。

龐氏騙局的特徵

特徵 1 **保本方案：**向投資人保證獲利，本金絕對不會虧損。

特徵 2 **投報率過高：**偏離市場水準，通常宣稱投資報酬率每年高於百分之五，越高越危險。

特徵 3 **金融商品非合法發行：**投資方案未經金管會許可。

特徵 4 **舉辦投資說明會：**集團在精華地段設立辦公室，營造氣派假象，投資人上台分享獲利，團隊卻沒辦法實際證明商業模式可行。

檢察官說不認罪就羈押，
難道羈押就等於有罪嗎？

今天開庭時有一組陌生號碼不斷來電，下庭時未接來電總計不下十通。「究竟是什麼事情這麼緊急？」我邊想邊回撥，接起電話的是一對焦急的中年夫妻。

「請問是蔣律師嗎？你一定要救救我兒子翔翔！他現在被關在臺北看守所，長官也不讓我們跟他見面，只說因為他現在是羈押禁見中，只有律師才能去看他。」

「理解，所以是因為什麼事情被押？」

「翔翔的朋友只說是跟虛擬貨幣有關，他昨天一大早就被警察帶走，所以要請蔣律師趕快去看他。」

「好，那我先請您們來事務所一趟，簽個委任狀。」

在臺北看守所第一眼看到翔翔，他戴著一副黑框眼鏡，十足理工宅男的樣子，說實話真的不像是刻板印象裡面壞蛋的模樣。

「編號 2162，你的律師來了！」所方人員高喊著翔翔

的編號，翔翔半信半疑的走到我對面坐下，還沒意會過來為何突然有律師出現。直到我表明是翔爸翔媽請我過來，他緊皺的眉頭才稍微舒張下來。

「蔣律師，我真的是冤枉的，我是有個朋友阿炮，他教我如何做虛擬貨幣的買賣，我想說可以從中賺一點價差。昨天一大早突然就被刑警破門把我帶到調查局，他們指控我跟洗錢集團有關，還說我收的錢是被害人被詐騙的贓款。」

「你先別緊張，像你這種個人幣商，只要做好KYC（客戶身分認證）措施，基本上是沒有問題的，我們現在應該要先想辦法把你從看守所救出來。」

「昨天開庭的時候，法官跟我說考量到我有可能逃亡，出去後有可能跟阿炮聯絡，一起串供、滅證，所以不讓我交保。蔣律師，難道羈押就是有罪嗎？」翔翔激動問道。

「當然不是，羈押不等於有罪！」

▋羈押有幾種？羈押的目的是什麼？

首先，羈押分成兩種：一般性羈押、預防性羈押。羈

押簡單來說，就是把被告關在看守所的一種處分，「羈押＝有罪」是一般民眾常見的迷思，實際上羈押被告不等於有罪，而是國家要藉由羈押手段達到其他目的。

一般性羈押的目的，是為了防止被告在判決確定前逃亡，或是在案件審判中，有機會和其他共犯串供、滅證。所以我們可以這麼說：「羈押是為了確保國家追訴犯罪，而不是懲罰被告的手段。」話雖如此，但是實務上檢察官很常會以「不認罪就聲請羈押」威脅被告承認犯罪，行話叫押人取供。又因為羈押強烈侵害人民的人身自由，所以如果沒有必要就不能使用。

這個案子中的翔翔就是被一般性羈押了，而且因為他有串供的可能性，所以法官一併禁止他與律師以外的人會客、通信。

至於預防性羈押的目的，則是針對某些特別容易再犯的犯罪類型，例如詐騙、性犯罪、人口販運，甚至是家暴、跟蹤騷擾等等行為，因為法官擔心被告可能再次犯罪，所以決定先把被告押起來再說。

事實上，我的內心非常質疑預防性羈押，因為這會讓

國家可以在被告還沒再次犯罪以前，就搶先剝奪他們的人身自由。這不僅違反無罪推定原則，更可能導致國家以預防性羈押作為打壓政敵的工具，很多法界人士也對預防性羈押表達強烈的反對態度。

▌能不能不要羈押，有什麼代替羈押的方式嗎？

如果法官判斷被告雖然有逃亡、滅證、串供的可能性，但是認為沒有羈押的必要的話，就會做出「代替羈押」的決定。例如交保、責付（將被告交給會監督他按時出庭的人）、限制住居（定期到警察局報到）等等。我跟翔翔說我們現在要想辦法說服法院，如果讓他交保，他不僅不會逃亡，也不會跟阿炮聯絡，所以沒有羈押的必要，這樣他就可以用交保的方式重見天日！

「我先幫你針對羈押裁定提出抗告，你再忍耐一下喔。」我說。

「好的，請幫我跟我爸媽說，請他們不要擔心，同房室友對我都很好，我們都會互相分食會客菜。」

被羈押時都在做什麼？

被告被羈押的時候非常無聊，除了和室友聊天打屁或是抄心經以外，最常要求律師寄書或是寄會客菜給他們。臺北看守所（俗稱土城看守所）外頭就有兩家會客菜（四海、熱騰騰），相較裡面的伙食而言，這兩家都還算不錯吃。如果沒有被法院限制，被告也可以在看守所裡面看收看衛星電視（俗稱小耳朵）。

被告們彼此在裡面也會交換「官司心得」，大多都是一些面對檢察官或是法官的小撇步，但以腦補的都市傳說居多。不過正是因為看守所圈子小，一旦律師案子辦得不錯，事蹟也會在看守所內廣為流傳呢！此外，常常聽到的行話「一票到底」，代表被告於偵查中被「押好押滿」四個月，而且審判中也被持續羈押，直到判決確定移送監獄執行。不過往好處想，羈押日數可以折抵服刑日數，也算是一兼二顧，摸蜊仔兼洗褲吧？

如果最後判無罪，被羈押的那些日子誰來賠？　▶ 再多懂一點

答案是由國家來賠。依照刑事補償法規定，每天的賠償金額會以新臺幣 3,000 到 5,000 元來計算。

夫妻本是同林鳥，
大難臨頭假離婚？

　　會議室裡頭坐著一對夫妻，不對，正確來說他們是「前夫前妻」。楊先生頻頻用手搔著頭髮，活像是闖了禍的小孩，楊太太則是靜靜地看著我不發一語。

　　「蔣律師，當初去戶政事務所辦假離婚的時候，我們沒想到後果會這麼嚴重！」楊先生率先開口發難。

　　「對啊！你們看起來感情很好呢，剛剛櫃檯還跟我說你們是手牽手一起進來事務所的。」

　　「是啊，其實要不是到了緊要關頭，我們也不想這樣做……」楊先生回應我。

　　這時，一直很沉默的楊太太突然開口：「去年我先生擔任負責人的公司因為呆帳太多，現金流一時周轉不過來，只好去地下錢莊借高利貸應急。本來想說過陣子就

能還清，沒想到高利貸吃人不吐骨頭，我們光是連利息都繳不出來，現在連本帶利應該欠了有上億元。」

「對！地下錢莊請來討債的年輕人，三天兩頭就跑來我家叫囂，甚至跑到我太太的娘家撒冥紙要錢，說這條錢沒還，絕不善罷干休。我不想要連累我太太，所以上個月我們就跑到戶政事務所辦假離婚，想說之後要是那些年輕人再跑來鬧事，至少可以對外宣稱我們已經離婚了。」楊先生說。

「後來呢？」

「後來地下錢莊的人聽聞這件事後，找律師去告發我們假離婚，現在我們不知道該怎麼辦……」楊太太說完從包包拿出地檢署傳票，上頭寫著「偽造文書」幾個大字。

當初怎麼沒先問過律師……我心裡雖然這麼咕噥，但還是跟這對「前夫妻」解釋法律上如何認定假離婚。

假離婚的法律責任？——偽造文書罪

首先，可別以為假離婚只有民事責任。事實上，假離婚恐怕違反刑法第 214 條使公務員登載不實罪：「明

知為不實之事項，而使公務員登載於職務上所掌之公文書，足以生損害於公眾或他人者，處 3 年以下有期徒刑……」，使公務員登載不實罪是偽造文書的一種類型。個案中楊先生、楊太太夫妻倆，明明沒有離婚的真實意圖，卻拿著離婚協議書前往戶政事務所，向不知情的公務員辦理離婚登記，就有可能成立本罪。

有些人會有疑問，上面說的是用上帝全知視角在觀察啊，今天就算檢察官質疑楊先生、楊太太兩人沒有離婚的真意，但是「內心究竟有沒有想要離婚的意思」這件事，應該也是他們兩個人說的算吧！若他們堅持說他們因為個性不睦、床事不合、對於小孩的教育觀念有落差等等藉口當作離婚理由，法院又該如何認定呢？

針對這個問題，我只能說，目前法院會依照客觀的證據，去認定當事人有沒有離婚真意。舉例來說，法院會參考離婚前兩人的互動是否親密、登記離婚後還有沒有繼續同居、私底下對親友間是不是還繼續以夫妻相稱、社群帳號上還有沒有繼續張貼出遊的合照等等，來判斷到底是「真離婚」還是「假離婚」。

假離婚的經典案例——花蓮王傅崐萁

講到假離婚的經典案例，不得不提人稱「花蓮王」的國民黨籍立法委員傅崐萁。傅崐萁於民國 98 年間擔任花蓮縣長，當時公職人員利益衝突迴避法規定「縣長不能任命自己的太太當副縣長」，但是傅崐萁想要讓太太當副縣長，擴大政壇影響力。為了閃避前面所說的法律限制，所以傅崐萁偕同太太徐榛蔚於同年年底前往戶政事務所，以「先生公務繁忙，沒有好好陪伴小孩」為由辦理離婚。

後來法院認定「假離婚」的依據，就是因為他們夫妻倆在離婚前同進同出，一起出席各大活動的時候互動親密，還在就職典禮上牽手向花蓮縣民致謝，太太徐榛蔚也照樣穿著「縣長夫人」的背心參加公益活動，所以認定「二人形影不離，難以認定二人有永久消滅婚姻關係之意思」各判決有期徒刑 6 個月、4 個月有罪確定（不要查我水表，我只是整理判決內容）。

除了假離婚以外，如果「房子假過戶」呢？

使公務員登載不實的經典案列，也很常發生在「房子

假過戶」身上。以我的辦案經驗來說，通常都是夫妻一方在外欠債，為了順利脫產，表面上會用「買賣」或是「贈與」作為移轉房屋產權的理由，但實際上他們內心根本沒有買賣、贈與的真實意思，卻仍然向地政機關辦理房產過戶的行為，就會有使公務員登載不實罪的問題。

另外，我也曾經看過父母自認年紀大了，為了避免突然過世留下大筆遺產，衍生出高額遺產稅，所以會把名下的房產以「假買賣、真贈與」的方式過戶給子女，同樣會成立犯罪。

各種虛假行為，難道公務員沒辦法調查確認嗎？

以目前政府的運作方式來說，公務員在辦理房屋過戶或是離婚登記的時候，只能依照當事人提出的書面「形式審查」，公務員並沒有實質審查的能力與權限，當然更不用說深入調查了。舉一反三，如果身分證或是護照沒有遺失，卻用遺失作為理由向政府申請補發，公務員不會（也沒有能力）確認是否真的遺失，所以一樣會有使公務員登載不實的狀況發生。

例如我有看過當事人因為欠錢，被討債集團扣走身

分證與護照，在證件沒有遺失（只是被他人扣留）的狀況下，當事人卻向政府申請遺失補辦，最後成立犯罪的案例，我認為得不償失。

「講了這麼多，希望兩位回去想一想，這個案子希望我如何協助，在你們都沒有前科的狀況下，就算最後有罪，這個案子也不至於要進去坐牢，要不要拚一把不起訴，還是以你們的意思為準。」我語重心長的說。

「我們會勇於面對，謝謝蔣律師！」楊先生、楊太太異口同聲地說。

不愧是真夫妻，連回答都這麼有默契⋯⋯我心裡再次咕噥著。

請問律師，那「假結婚」呢？　　　　　　　再多懂一點

「假結婚」一樣會成立使公務員登載不實罪喔！像是之前重大的社會新聞「五億高中生命案」，死者高中生生前繼承了大筆遺產，卻在與一名夏姓代書助理登記同性婚姻後兩小時就墜樓身亡，後來檢察官就是認定兩人假結婚，起訴夏姓男子，目前全案還在法院審理中。

老婆竟然下海當酒店小姐，不洗門風不會乖！

穿著牛仔短裙、染著一頭亮麗金髮的Cindy一走進會議室，我隨即聞到濃濃的胭脂味。不諱言在八大行業工作的她，用一口流利的台語跟我分享前陣子發生在她身上的故事。

「蔣律師，我18歲的時候認識我現在的老公，那時候年輕不懂事，不小心未婚懷孕，最後我決定帶球嫁。前年我老公因為販毒入獄，為了維持一家的生計，我只好下海去酒店當小姐。」

「感覺這中間發生很多事啊！」

「嗯嗯，我當酒店小姐原本堅持不做S（性交易之意），但是媽媽桑一直慫恿我說，來酒店當小姐就是要賺錢，接S的話賺比較快。」

「我看媽媽桑說的也沒錯，其他做S的小姐賺得比較快，有一些小姐做一做有賺到錢，後來順利上岸離開這行，最後我索性跳下去兼做S，期間有幾個恩客知道我的家裡狀況，他們對我還算不錯。」

Cindy的老公原本不知道她在酒店上班，是有一天她上班的時候，剛好老公底下的小弟來店裡消費，事情才因為這樣ㄅㄧㄚˋ康。

消息傳到Cindy老公那邊，他聽到快氣死了。上禮拜一出獄，他馬上叫Cindy拿著香菸跟檳榔，跪在大馬路口三天三夜，說這叫「洗門風」，看她下次還敢不敢。Cindy怕他不爽拿小孩出氣，只好照著他說的做。

「哇，妳老公是不是不知道事情的嚴重性！」

有關洗門風，你該知道的故事起源

這種「洗門風」習俗，在傳統的鄉下地方比較常見。洗門風原先是中國南方的道德制裁手段，用來懲罰破壞婚姻或名譽的人，早年隨著漢人移民把「洗門風」的習俗帶進臺灣。

為何名稱會是洗門風呢？因為當發生不名譽的事情

後，理虧的一方會到對方家裡「清洗門楣（門風）」，所以才稱作洗門風。後來洗門風則演變成各種「公開賠罪」的儀式，例如請人在廟前演戲、辦流水席、請全村的人喝茶、抽菸、吃檳榔，甚至在公開場合下跪求得對方的原諒等等。

洗門風與強制道歉之間的量子糾纏

事實上，洗門風帶著道歉的意涵在內，但是今天一旦用強制手段來強迫一個人表達與內心相反的想法，恐怕在法律上就會有大問題。舉例來說，「強迫登報道歉」就被大法官宣告違憲，最主要的理由，是強制道歉沒有顧及當事人內心的真實意願、良心以及價值信念等等「內在思想自由」，讓當事人產生自我否定、羞辱的感受。由於以上理由，大法官便宣告「強迫登報道歉」違憲，正式走入歷史。

回頭來看「洗門風」與「強迫登報道歉」竟有極高的相似度——兩種做法都是藉由強制手段來強迫一個人表達與內心相反的想法。今天Cindy被老公要求洗門風，老公內心帶有羞辱她的意圖，強迫她做出自己本身沒有

義務要做的事情，極有可能違反刑法第 304 條強制罪*，以及第 309 條暴行侮辱罪*。

　　我跟 Cindy 說洗門風的習俗並不符合現代社會觀感，何況她做這件事情背後也有不得已的苦衷。她老公有什麼不滿，可以透過其他的手段主張權利，不必然得用洗門風的方式處理，到頭來反而會讓自己陷入違法的風險當中。

　　當我一講完，Cindy 的神情凝重起來，我知道她陷入要不要對老公提告的掙扎當中。

　　「妳還想要這段婚姻繼續下去嗎？」

　　「發生這件事情以後，我已經徹底對這個男人心死了，我不想要他又進去坐牢，但我也不想要再跟這個人有任何瓜葛。」

　　「還有一條路可以選擇，我們利用這次『洗門風』事件，當成提起離婚的理由，妳覺得如何？」

　　「好，為了孩子，我這次必須堅強……」

＊**第 304 條強制罪**：「以強暴、脅迫使人行無義務之事或妨害人行使權利者，處三年以下有期徒刑、拘役或九千元以下罰金。」

＊**第 309 條暴行侮辱罪**：「公然侮辱人者，處拘役或九千元以下罰金。以強暴犯前項之罪者，處一年以下有期徒刑、拘役或一萬五千元以下罰金。」

逃避酒駕金母湯，
暗黑兵法有用嗎？

　　高中同窗三年的好友大文找我一起去吃熱炒，本來就貪杯的他，酒過三巡，雙頰顯得更為紅潤，酩酊之際，大文突然接到客戶的緊急電話，得先離開處理事情。當他取出車鑰匙準備離席，我一把拉住他的手。

　　「喂，你該不會要酒駕吧？」

　　「唉呦不會怎樣啦，之前這樣都沒事……」

　　「話可不是這麼說，你知道酒駕的後果有多嚴重嗎？」我堅定地看著他說道，手仍然不放開。

　　我斥責鐵齒的大文「喝酒不開車」這句話在他眼中形同具文，不論是出於僥倖（不會被抓）或是省事（不想找代駕）的心態，酒駕最後都會造成許多家庭的破碎。

酒駕怎麼罰？你一定聽新聞說過

　　首先，如果酒測數值超過每公升 0.15 毫克，就是法律上定義的「酒駕」，如果數值超過每公升 0.25 毫克，國家不只會處最高 18 萬元罰鍰、吊銷駕照，也會一併用上刑法第 185 條之 3「醉態駕駛罪」規定處罰，如果十年內酒駕累犯產生傷亡，最高還可以處無期徒刑！

　　「哇，沒想到這麼嚴重，我知道錯了。」原本還在迷茫的大文聽完似乎清醒了一點。

　　「那之前民間有流傳『逃避酒駕的暗黑兵法』是怎麼一回事？」他繼續追問下去。

逃避酒駕暗黑兵法？一山還有一山高

第一招 直接拒絕酒測

　　有用嗎？答案是「沒有用」，因為依照道交條例規定，酒駕拒測不僅會先被開罰 18 萬元並吊銷駕照，而且警方還可以直接把人扭送醫院「強制抽血」，確認血液中酒精濃度，所以就算不是用吐氣方式確認是否酒駕，法律上還是可以用「醉態駕駛罪」處罰。另外，警方可以用其

他方式確認是否酒駕，例如要求駕駛過三關，分別是「下車走直線」、「單腳 30 秒金雞獨立」、「在紙上畫出同心圓」，如果沒有過關，警方還是會將駕駛移送法辦。

第二招 接受酒測前狂灌酒

目的是為了讓酒測結果失真，有效嗎？答案是「看灌酒的時間點」，今天法律所要處罰的，是喝酒的人在「開車的時候」酒精濃度就已經超標，而不是在「停車後」才狂灌酒，導致酒測超標的狀況。

舉例來說，之前我有一件案子：我的當事人開著車遠遠看到警方正在臨檢，於是把車子停在路邊開始灌酒，警察到場發現酒駕移送法辦，最後法院判決無罪的原因，就是因為警方無法證明被告在開車的時候酒精濃度就已經超標。

老實說這個方式，背後還真的有高人指點。如果法院無法確認「開車時濃度超標」這個事實，依照罪疑惟輕原則，只好判決被告無罪。前陣子太多個案，利用這招逃過一劫，甚至在網路上沾沾自喜、公開心法，但是站在律師立場，道德上我不建議大家這麼做。

至於如果是在警方到場後，準備開始酒測的時候，駕駛迅雷不及掩耳拿出同車友人遞過來的高粱酒狂飲，警方該怎麼辦做呢？這是一個真實案例，依照交通部 2009 年的函釋：「……拒絕檢測方式包含偽造、變造、湮滅或隱匿駕駛時即含酒精濃度等行為……」。駕駛當著警方的面前灌酒，會被認定是「拒絕酒測」行為的一種，警方還是會依法開罰、移送地檢署。而且這種酒測前灌酒的行為，高機率被法官認定犯後態度惡劣，進而讓刑期加重。順帶一提，遞酒給駕駛的友人，也被依照妨害公務罪一起移送法辦……。

　　「看來道高一尺、魔高一丈，坊間流傳的方法聽聽就好，我決定找 55688 代駕了」大文說。

　　「沒錯，總而言之，喝酒就是不能開車啦，別想用一些五四三的方式逃過！」直到這時，我才鬆開大文被我緊握的手臂，上頭紅通通的手印，代表我對同學的用心。

警察一言不合就臨檢，
我可以說NO嗎？

　　去年巷口新開一家大埔鐵板燒店，范大哥就是店員之一。傳說中大埔鐵板燒要選「包手的」師傅炒的菜才好吃，范大哥的刺青雖然讓他看起來十分兇狠，但是他其實是個心地善良的人。有一次去店裡消費，我看見他的手腳裹著紗布，忍不住關心他。

　　「欸，你怎麼受傷了？」

　　「說起來很衰，是上禮拜發生的事情。那天我走路要來店裡上班的時候，突然有兩個警察從後面把我叫住，說看我神情緊張、形跡可疑，所以要看我的身分證。」

　　「這可是違法臨檢！你有配合嗎？」

　　「我知道警察很愛騎康（按：台語刁難之意）刺青兄弟，但我混幫派那都是以前的事情了！他們一直說如果我沒做什麼虧心事，給他們看一下證件又不會怎樣，看完就放我走。但我覺得我沒做錯事，幹嘛給他們看，所以我直接拒絕他們。」

「結果他們一聽到我拒絕配合，就說要帶我回派出所查驗身分，還要拘留我三小時。我一聽火馬上起來，超級不爽，我承認一時情緒失控，罵了他們一句『幹！歸剛ㄟ！』結果他們直接衝上來把我過肩摔壓在地上，這就是受傷的原因。」范大哥苦笑著說。

「你知道像之前客委會的主委李永得，因為穿拖鞋盯著警察看就被臨檢；還有一個桃園女老師認為自己被違法臨檢，罵了警察『很蠢』結果被大外割，你有聽說嗎？」

「我知道啊，新聞都有報，但是真沒想過發生在自己身上，而且現在檢察官說我妨害公務罪要起訴我，我該怎麼辦？」

我顧不得剛剛上桌的鐵板牛柳，直接跟范大哥分享遇到警察臨檢該怎麼應對。

警察只要認為我很可疑，就可以對我臨檢嗎？

答案是No。首先，臨檢的目的在於預防犯罪。依照警察職權行使法第 6 條規定，只要警察「合理懷疑」民眾有犯罪嫌疑，就可以發動臨檢。But就是這個But，這裡所說的的合理懷疑，必須要是民眾「客觀行為」具有

犯罪嫌疑才行。常見例如：有人身上散發濃厚的毒品味道，或是拿菜刀亂揮等等。總之，警察不能只因為主觀猜測人民有犯罪嫌疑，就任意對他們臨檢。

以范大哥的個案來看，今天警察發動臨檢的理由是因為看他「神情緊張、形跡可疑」，這絕對無法說服法院有到達合理懷疑的程度，因此臨檢當然違法。同樣地，如果警方認為民眾「鬼鬼祟祟、快步離去」也不能作為合法臨檢的理由。

▌合法臨檢，我該怎麼配合？

如果是合法臨檢（例如民眾客觀上有犯罪嫌疑、警察在路口定點設臨檢站），警察可以做什麼？不能做什麼？

前面有說到，臨檢的目的在於預防犯罪。如果警察的臨檢合法，民眾就有義務要提供身分證，或報上自己的身分證字號，讓警察確認眼前的人是不是通緝犯。一旦確認不是通緝犯，警察就要馬上放人離開，不能再找任何理由限制民眾的人身自由。

在合法的臨檢下，民眾原則上不能拒絕提供身分證，一旦拒絕提供就要做好心理準備，這時候警察有權

力可以把你帶回派出所最多 3 小時，來確認你是不是通緝犯，我都笑稱這是「警局泡茶行程」。回到個案，既然警察對范大哥的臨檢違法在先，所以范大哥當然可以拒絕提供身分證字號，沒有問題。

遇到違法臨檢，我可以怎麼申訴抗議？

像是今天范大哥遇到違法臨檢，他可以依據警職法第 29 條規定，現場向警方表示異議。如果警察也認為自己違法，就要馬上停止，但老實說停止的機率極低。如果警察認為自己是合法臨檢，還是可以繼續臨檢，但是范大哥這時可以依法要求警方開立「異議單」，作為日後提起訴訟的依據。

警察在等你說的那個「關鍵字」是什麼？

根據我的辦案經驗，很多民眾在面對臨檢時，往往沉不住氣。像是當范大哥忍不將國罵「幹！」脫口而出時，對於悶了很久的警察來說，簡直就像是聽到「關鍵字」一樣。他們眼睛一亮，忍無可忍、無須再忍，會直接依

照妨害公務罪將民眾逮捕，而且往往法院是站在執法機關那邊的。不過要提醒大家的是，辱罵警察的民眾若要成立妨害公務罪，必須以警察「合法臨檢」作為前提。今天范大哥因為是被違法臨檢，所以就算他後續有妨害公務的行為，依然不會成立犯罪。

▍我被臨檢了，律師會建議我怎麼做？

理論上遇到違法臨檢時，我們當然要捍衛自己的權利、拒絕違法臨檢。我們當下可以先要求確認警員編號，若有疑似違法盤查，記得表明之後會申訴，並索取異議單。

但是我會建議大家，當遇到臨檢時，還是「出示身分證」乖乖配合吧！或許有人會質疑，不是才說要捍衛自己的權利到底嗎？怎麼反而叫大家配合，就算是違法臨檢也一樣嗎？沒錯，那是因為我看過太多案子，就算事後被法院認定是違法盤查，不成立妨害公務罪，還民眾一個清白，那又怎樣？刑事官司過程中所消耗被告的勞力、時間、律師費，本身對當事人就是一種懲罰。

我常常比喻，跑法院就像是沾到污漬的衣服要丟進洗

衣機洗，就算最後衣服洗乾淨，但最後拿出來的衣服還是有皺褶。如同經歷司法審判的一般民眾，心理陰影永遠都在，沒有復原的一天。一股腦說這麼多，還是希望臺灣能更好，願有那麼一天，我們都能夠安心自在的走在馬路上。

「我了解了，沒想到臨檢的法律眉角這麼多。」

「對啊，你趕快向檢察官主張警察違法盤查，這樣你就不會被起訴妨害公務罪了！」

「鐵板牛柳趕快趁熱吃，都涼掉了，我再招待你一盤高麗菜。」

「沒開玩笑，包手的鐵板燒真的比較好吃！」我笑著說。

「那是當然，因為我可是加了義氣在裡面。」范大哥搞笑地比出灑鹽哥手勢。

▌桃園女老師大外割案，後續警察下場如何？

後續該名員警被檢察官起訴，法院認為警察有罪的理由如下：

❶警察臨檢女老師時，沒有向她表示是用警職法哪一條規定臨檢她；加上女老師「外表整潔、神色正常」，不只沒

有吸食毒品的跡象，也沒有公然攜帶違禁物，或是即將犯罪之徵兆，所以警察臨檢不合法。警察阻止她離去的行為，屬於用暴力的方式，不當限制女老師的行動自由。

❷女老師認為受到違法臨檢，因此怒罵警察「真的很蠢」、「你做的事情違反你的工作」，屬於捍衛自己權利並合理評論警察違法行為的言論，不是為了貶低警察的人格，所以沒有任何妨害公務的行為。警察因此把女老師逮捕上銬，剝奪她的人身自由，並不合法。

❸結論：警察違反公務員強制罪與私行拘禁罪，各判處 4 個月、6 個月，合計執行 10 個月有期徒刑。這件案子當中警察違法臨檢的行為，堪稱負面教科書等級。法院明確宣示之後若有警察敢再這麼做，一定會被法院重判。我的個人感受，這次事件發生之後，警察違法臨檢的事件明顯少了不少。

被警察臨檢，我可以拿手機反蒐證錄影嗎？　再多懂一點

答案是可以的。首先，警察的臨檢不是偵查行為，所以沒有所謂「偵查不公開」的問題，而且偵查不公開也不限制被告本人。再來，警察在公共場所執行公務，本來就要受民眾公開檢視，所以也沒有侵害肖像權與隱私權的問題。

車在路上開，禍從天上來！
我沒跟對方擦撞，怎麼也有事？

我都說來事務所諮詢的通常有兩種人：第一種是窮凶惡極的壞蛋、第二種則是運氣極度不好的人，他們平時奉公守法，從沒想過自己有一天會成為被告。平時朝九晚五的公務員盧大哥就是我說的第二種人。

「蔣律師，上禮拜發生了一件我這輩子從沒想過的事情。幾個刑警一大早拿著拘票衝來我家說要拘提我，我就這樣睡眼惺忪的被銬到警察局做筆錄，後來我才知道是因為上個月發生的車禍。」

「哇，小小車禍弄到被拘提，到底是什麼狀況？」

「這就很荒謬了，我根本不知道有車禍這件事，是警察拿出重機騎士的行車紀錄器，我才知道事發經過。」

「那天我開著我的特斯拉從清境農場下山時，某個路

口前面的車子突然急煞，我也跟著急煞，結果在我後面的重機騎士為了閃避我，急轉彎撞上旁邊山壁。警察現在說我沒有下車幫忙叫救護車就直接開走，已經違反肇事逃逸罪，但我從頭到尾都不知道有這件事，我該怎麼辦？」

什麼是「肇事」？自己無過失也算肇事嗎？

　　依照刑法第 185 條之 4 規定，「只要是駕駛動力交通工具的人，發生交通事故，讓對方受傷或死亡，因而逃逸」就會成立肇事逃逸罪。法條看似白話，但是實際上卻要費一番工夫來解釋。

　　首先，在以前舊法年代，法條用「肇事」代稱車禍發生。但是「肇事」這兩個字非常的玄，到底有沒有包含車主「無過失」的狀況呢？引起大家一番爭論。最後大法官在釋字第 777 號解釋中處理這個問題，他們告訴人民：肇事這個詞，就連我們大法官都搞不清楚到底範圍到哪，這顯然不符合刑法明確性原則啊！

　　於是後來立法院為此修法，將「肇事」二字改成「發生交通事故」。最終確認範圍包括：不論是車主故意、過失，甚至無過失發生車禍的情形都算是肇事行為。修法

後，與其說是「肇事逃逸罪」，不如改稱「發生交通事故逃逸罪」更來的貼切，就算今天盧大哥對於車禍發生無過失，也可能被肇事逃逸罪處罰。

此外，雖然兩車沒有發生碰撞，但只要車主對於發生這場車禍有因果關係，車主就有留在現場善後的義務，盧大哥的狀況就是最好的例子（因為盧大哥急煞，才讓機車自撞）。我曾經辦過一件案子：我的當事人阿榮開車從內車道鬼切到外車道，造成後方機車閃避不及自摔受傷。阿榮明明有從後照鏡看到騎士自摔，但他卻認為因為兩車沒對撞，所以不用下車查看、直接開走，最後被法官認定違反肇事逃逸罪！

什麼是「逃逸」？在車禍現場悶不吭聲也算嗎？

一般民眾腦中想像的逃逸，通常是明知道自己讓車禍發生，但是因為害怕受到刑事追訴，例如自己是通緝犯、酒駕或車內有毒品等等，趕緊逃離現場。現在我們來腦力激盪一下：如果車禍發生後，車主有留在現場，但是冷眼旁觀傷者，也沒有呼叫救護車、或是在警方到場後，也沒

有上前主動表明自己就是肇事者，這樣到底算不算「逃逸」？依照法院的見解，這樣仍然算是逃逸喔！所以我會建議大家，車禍發生後，一定要主動向警方表明自己是肇事者，並協助叫救護車。好處是除了不會違反肇逃罪以外，也讓自己獲得刑法「自首」減刑的優惠。

拜託！我真的不知道車禍發生，該怎麼辦？

有些人會有疑問，如果像盧大哥一樣不知道自己讓車禍發生，根本無法期待他能夠留下來善後，這樣該怎麼辦？依照刑法第 12 條規定，如果盧大哥真的不知道自己有發生車禍而離開，法律原則上不會處罰他。但是要符合此條件真的很困難，舉例來說：若車禍發生時車子有明顯的停頓，再駛離現場等等，法院都會認定車主知道有車禍發生。所以我跟盧大哥說，我必須向警方要求查看行車紀錄器，才能確定他到底知不知道出車禍了！

「拜託蔣律師去查看行車紀錄器，希望能還我清白！」

「沒問題，俗話說『人在路上走，禍從天上來』，真

是你這件案子最好的寫照。」

後來檢察官認為盧大哥真的不知道出車禍，決定將他不起訴。

違反肇事逃逸罪的處罰有多重？

舊法修法前，只要是違反肇事逃逸罪，最輕刑期直接從 1 年起跳，這會讓個案情節輕微的被告一定要入監服刑，大法官認為並不合理。釋字第 777 號解釋宣告違憲後，立法院將肇事逃逸罪的刑度，修正成 6 個月到 5 年之間；如果有導致被害人重傷或死亡，才加重至 1 年以上 7 年以下有期徒刑；至於若車主對於車禍的發生無過失，則可以減輕或免除其刑。

腳踏車算是「動力交通工具」嗎？ 　　再多懂一點

答案是No。依照法務部的說法，動力交通工具不包含用人力輸出的腳踏車、滑板、牛車等等，所以就算騎腳踏車出車禍，也不會違反肇事逃逸罪喔。

一不小心出車禍，後續流程沒頭緒？
看完就懂的車禍案件全分析！

　　週三下午是市政府的法律諮詢時間，民眾最常見的法律問題排行榜，如果車禍案件說第二，那沒人敢說第一。今天請求協助的倪先生正是車禍案件的苦主。

　　「蔣律師你好，是這樣的，上個月某天我騎摩托車正準備要去上班，突然巷子口直接衝出來一個沒在看路的阿伯，我煞車不及直接撞到他，好在他只有輕微擦傷，沒有骨折。」倪先生拿出一張紙，急切地畫出路口平面圖解釋給我聽。

　　倪先生說自己當下就報警處理了，警察到現場後先製作初判表，上面寫說阿伯紅燈闖斑馬線是肇事主因，至於倪先生因為沒有減速禮讓，被認定是肇事次因。

　　「對於這個結果，你怎麼看？」我端詳倪先生拿出的初判表後問他。

　　「我其實不太能接受，因為第一我沒有超速，第二我認為我有減速，不知道交通大隊有沒有幫我去調查現場

的路口監視器……」倪先生略顯無奈。

車禍發生有沒有過失，很重要嗎？

車禍案件的民事責任，涉及到侵權行為的損害賠償；至於刑事責任，則規定在刑法第 284 條：「因過失傷害人者，處 1 年以下有期徒刑、拘役或 10 萬元以下罰金……」我們可以發現，不管是民事或是刑事責任，若想要成立，通通都有一個很重要的前提，那就是行為人倪先生對於車禍的發生「有過失」！

沒錯，有沒有過失這件事真的超級重要，有些人會有疑問，如果真的這麼重要，單憑警察在現場製作的「初判表」，就能夠斷定肇事雙方有沒有過失嗎？答案是「可能沒辦法」，從以下的案例就能明白解釋。

我曾經辦過一件案子，對造當事人在現場製作筆錄的時候，堅稱車禍當下的時候「自己絕對沒有超速」，初判表也認定沒有超速，但是事後調閱監視器畫面，從畫面的錄影時間與車子在那段時間內前進的距離（國中物理而已啦），回推在車禍發生當下，對方實際上已經超速

20 公里！

　　所以就知道「初判表」顧名思義，僅是警方針對車禍現場以及雙方當下的陳述初步認定，雖然大致精確，但不總是百分之百正確。那麼如果後續雙方對於初判表認定的結論有不同意見，該怎麼辦呢？這時我們可以向各縣市的車禍鑑定委員會申請鑑定。

▌車禍鑑定，隨時都可以申請嗎？那可不一定

　　車禍鑑定不是隨時想申請就可以申請的。以倪先生的案件為例，若案件沒有進入司法程序（白話來說就是沒人提告過失傷害或是民事賠償），雙方就必須在車禍發生後 6 個月內向車鑑會申請鑑定，並繳納 3,000 元費用，逾時不候。

　　若案件已經進入司法程序呢？這時候依照規定，只能由法院或是地檢署囑託車鑑會鑑定，通常為了確實釐清肇事責任，司法機關多半都很樂意，畢竟有車鑑會協助認定，大家都服氣，何樂而不為。不過如果對鑑定結果不認栽，還可以提出「覆議」，很像是上訴的一種。

車禍受傷的一方，怎麼提告？

首先，因為過失傷害罪是「告訴乃論」之罪，並非公訴罪，所以依法有 6 個月「告訴期間」的限制，如果阿伯沒有於車禍發生後的半年內對倪先生提出過失傷害罪的告訴，就不能夠提告了。還記得一開始我們提到「有沒有過失這件事真的超級重要」嗎？因為只要倪先生最後被認定對於車禍的發生有過失，哪怕是只有「百分之一」的肇事責任，依然會成立過失傷害罪。

正是因為如此簡單的成罪條件，坊間才會流傳車禍案件暗黑兵法「以刑逼民」。以我的辦案經驗來說，通常只要有驗傷單，檢察官就會起訴被告。這種做法非常有利傷者，他們可以藉由提出刑事告訴，來拉高民事和解賠償金額。

附帶民事求償，又是怎麼一回事？

附帶民事求償，就是在刑事法院對被告提出民事求償（而非直接向民事法院起訴民事案件），好處是不用先繳交總求償金額約「百分之一」的裁判費給法院。但是

要注意的是，既然是附帶在刑事程序的民事求償，必須得要被告已經被起訴作為前提才行。以現行法院習慣，刑事案件一審判決後，會將附帶民事求償移交民事庭，由民事法官繼續審理。

至於民事求償的項目，包含醫藥費、看護費、代步費、修車費、無法工作期間的薪水、勞動力減損賠償（須經醫院鑑定）、精神賠償等等，族繁不及備載，相關單據整理好後交由法院認定。總金額最後會由雙方依照肇事責任分擔（例如我出車禍受到 10 萬元的損失，但是因為我有一半的肇責，所以對方只需要賠我 5 萬元），法律上稱作「與有過失」。

▍錯綜複雜的法律關係？小心時效消滅

另外，車禍案件的侵權行為請求權時效是從車禍發生起 2 年計算。我有見過，傷者一直在等檢察官起訴被告後，準備要提起附帶民事求償，結果一等下來 2 年過去了，連自己的民事請求權都時效消滅，結果檢察官竟然不起訴被告，最後求償無門，欲哭無淚。

▌律師給肇事者的建議？和解為上策

如果是一般民眾遇到車禍案件，被起訴成為過失傷害罪的被告，無非希望不要留下前科以求一個圓滿，這時候就要積極與傷者和解，和解成功同時要求對方撤回刑事告訴，因為是過失傷害罪是告訴乃論之罪，可以撤告，但是法律規定撤回告訴最晚的時間點是一審判決之前。所以我會建議車禍案件千萬不要拖到二審才和解，就算二審雙方和解，這時候法律也不允許傷者撤告了，還是會因此留下前科喔！

▌車禍案件的眉角──律師提點

STEP 1 **保存證據**：路口監視器、行車紀錄器。

STEP 2 **申請車禍鑑定**：向各縣市車禍鑑定委員會申請。

STEP 3 **附帶民事求償**：被告被起訴後，整理相關單據提出，必要時要求勞動力減損鑑定。

STEP 4 **過失傷害罪**：傷者須留意 6 個月告訴期間，對被告而言，就算只有百分之一的過失也會

成立犯罪。最佳和解時間點建議於一審判決前完成。

STEP 5 **民事求償**：原告要留意車禍後 2 年內須起訴的消滅時效限制。

Part

2

好想告他，但

你可能告不成

總是會遇到那種「天啊我好希望你可以被抓去關！」的時刻，不管是第四台被偷接、被素未謀面的網友以愛為名詐騙，或是被情緒失控的前任傳簡訊詛咒恐嚇⋯⋯只是沒想到，很多事雖然造成你的損失，對方卻沒這麼容易被抓去關。

　　有時也會遇到那種動不動就「小心我告你喔！」的不講理的人，雖然可以自認倒楣賠錢了事，但如果你了解其中的眉眉角角，下次再遇到就能精準掌握證據，不再輕易上當！

對方先動手，我才能反擊嗎？

　　跟我約在台大醫院骨科病房碰面的游大哥，左臉明顯留有跟別人打架的瘀青。他躺在病床上，右手因為骨折打著一圈石膏，他用僅剩的左手向我比手畫腳，活靈活現的描述他昨天晚上在信義區酒吧和一名富二代的鬥毆事件。

　　「蔣律師，這次你得幫我主持公道，我一定要告死對方！」游大哥雖然昨天喝到斷片，但他現在看起來精神十分良好，甚至沒有任何一丁點宿醉的痕跡。

　　「我知道啦，昨天很晚的時候你有打給我，但你要不要再說一遍給我聽。」雖然昨天他半夜兩點打給我，但是當時他講話口齒不清，我在電話那頭只聽到現場一片混亂，伴隨一陣國罵聲與玻璃杯被砸碎的聲音。

「就是齁，我昨天跟我女朋友小朱去信義區小酌，喝到快凌晨兩點的時候，有個開著保時捷的富二代，喝醉酒跑來吧檯調戲小朱。我一開始想說他喝醉了不跟他計較，結果那個富二代變本加厲，不斷對著小朱開黃腔，我口頭制止他，結果他竟然直接對我揮拳，我不甘示弱回敬他一發右鉤拳，後來我們兩個人互相拉扯、在地上扭打起來。」

「對方被我打傷總共縫了三針，現在躺在榮總，整個打架過程我都要求警察記在筆錄裡了！」游大哥激動地說，整個病床竟然跟著他一起晃動起來，不斷發出吱嘎聲。

「看起來是互毆案件啊，你可以告他傷害罪，只是對方一樣也會告你傷害罪就是了。」我冷靜地分析給他聽。

「對啊我知道，但是我要主張『正當防衛』，蔣律師你覺得能夠成功嗎？如果不行的話你建議我該怎麼做？」游大哥兩眼直盯著我，渴望從我這邊聽到答案……

一個人要成立犯罪，得先過五關斬六將？

還記得從小到大，學校老師都會教大家——「先動手

打人就是不對」的觀念嗎？老師可能沒辦法很仔細的告訴同學這個概念在法律上的意義，但是我可以（驕傲什麼）。

在刑法上若一個人要成立犯罪，必須要突破層層關卡，總共有三關，很像是打電動過五關斬六將的感覺，在法律上稱作「三階段理論」：

第一關是「構成要件該當性」，白話來說就是「成立犯罪需要的條件」。以游大哥的個案而言：**富二代出手攻擊游大哥，游大哥內心帶著傷害富二代的意圖→游大哥出手攻擊對方→造成富二代受傷縫三針。**此時游大哥就已經符合成立傷害罪的條件了。

看到這邊有些人會有疑問，沒想到這麼容易就成立犯罪，那剛剛游大哥說要主張的正當防衛，難道都不用解釋、處理嗎？要的！

這就要講到第二關——「違法性」，所謂的違法性，就是可以讓被告「不會成立犯罪的正當理由」。舉例來說，前面提到游大哥反擊富二代的揮拳行為，如果是出於保護自己或是女友，雖然造成富二代也一起受傷，但是游大哥在法律上仍然有可能成立正當防衛（只是有可能而已，後面會解釋），因此而獲得無罪判決，這在法律

上稱作「阻卻違法的事由」。常見的阻卻違法事由例如：正當防衛、緊急避難等等……。

第三關是「有責性」，雖然不是這個案子的重點，但還是稍微提一下。所謂的不具備有責性，指的是「這個人雖然有罪，但是出於某種原因，讓他不用受到刑事制裁」。

例如之前發生隨機殺人事件的時候，在新聞上很常看到律師出面宣稱：因為這個殺人犯精神異常，無法承擔刑事責任，所以希望法院可以不處罰他等等，這就是不具備有責性的意思。

唯有通過以上三關，一個人才會正式成立犯罪。

回到游大哥的個案，當他告訴我說他想要主張「正當防衛」時，此時聰明的讀者想必已經聽出弦外之音——他雖然承認有傷害富二代，但是他認為他是基於「正當防衛」才這麼做的。至於他是否能夠成功主張正當防衛，獲得無罪判決，我們繼續看下去。

互毆案件的眉角——誰先動手？

通常像游大哥這種互毆案件，我都會先問當事人兩個問題。

首先：「你們誰先動手？」

接下來我會問：「那你是否考慮跟對方和解？」

我們先談「誰先動手？」為什麼誰先動手這麼重要？我們來看法律怎麼規定，刑法正當防衛規定在第 23 條：「對於『現在不法之侵害』，而出於防衛自己或他人權利之行為，不罰。但防衛行為過當者，得減輕或免除其刑。」

在互毆案件中，理論上只有先被打的人才會面對「現在不法的侵害」。舉例來說，當游大哥被富二代先揮拳攻擊時，這時候在法律上的意思，就是「游大哥現在正受到富二代不法的侵害」，此時游大哥才有主張正當防衛的機會。

反過來說，如果大家只是起口角爭執（此時並不存在不法的侵害），但是游大哥竟然先動手打人，可想而知，游大哥會連主張正當防衛的機會都沒有。所以小時候老

師常掛在嘴邊的「先動手就不對」，此刻突然浮現法律意義了。

「但是要注意喔，正當防衛的反擊行為有一個重點——除了要能夠有效阻止對方的攻擊以外，同時必須要是『必要的手段』才行。」我說。

「什麼叫做『必要的手段』？」游大哥問。

「就是你的反擊行為，必須要讓富二代所受到的『損害降到最低』。」

「例如今天富二代揮拳攻擊你，按理來說，你明明可以先抓著他的手阻止他（這就是損害最小的手段），然後叫小朱趕快報警，但是你卻出拳打回去，這樣很容易被法官認為『沒必要（防衛過當）』。此時你依然會成立傷害罪，只是有機會能夠減刑而已。」

「什麼，是他先打我的耶，我難道不能反擊嗎？」游大哥聽完差點從病床上跳下來，準備要跟我輸贏。

「因為法治國家無法容忍互毆的狀況發生啊。以我的辦案經驗，法官判決有罪的理由不外乎是『你可以反擊，但不是用揮拳的方式』或是『雙方各說各話，法院無法判斷誰先動手』等等……」我無奈地說。

游大哥聽完總算是態度放軟一些，問我這件事能不能大事化小，小事化無。

「當然可以，我們律師最擅長這種事了！」我一派輕鬆的說。

互毆案件的眉角——跟對方和解，我有什麼好處？

依照刑法規定，傷害罪是屬於「告訴乃論之罪」，用一般民眾熟悉的用語，應該會稱作「非公訴罪」。只要是非公訴罪，就代表著一個重大的法律意義——被告可以和被害人達成和解，用賠償、道歉的方式換取被害人「撤告」。一旦撤告，代表被告不用負擔任何刑事責任。

舉例來說，游大哥可以和富二代互相商量，雖然彼此都有對對方提告傷害罪，但是能不能大家各退一步、海闊天空。如果能夠達成和解、互相撤告，這樣雙方也不至於都留下前科（有罪的話啦）。至於能不能達成和解，就要看律師居中協調的功力了。

「所以我會建議我們跟對方說，彼此互相撤告、既往不咎，你覺得如何？」我說。

「就照你說的處理，我們跟對方談和解。這裡有十萬塊你拿去當律師費，不夠再跟我說。」游大哥豪爽地說。

　　「好啊，你真的很阿莎力耶！」

　　「那當然，自己人！」

　　後續我代表游大哥和富二代達成和解，雙方互相撤告。富二代也自知理虧，拿出一封手寫道歉信，請我轉交小朱說他很「斯咪媽ㄙㄟ」。

防衛過當經典案例──勇夫護孕妻打死竊賊

　　之前鬧很大的社會新聞『勇夫護孕妻打死竊賊』，過程大概是有一個小偷闖空門，剛好碰上屋主夫妻回家。小偷躲在廁所攻擊丈夫，丈夫為了保護懷孕的妻子，所以將小偷壓制在地上，最後不小心導致小偷窒息死亡。

　　法院說當小偷已經被丈夫壓制到「臉色發黑、全身癱軟、無意識狀態」，丈夫仍然等到警察到場後才放手（手段沒必要），因此認為防衛過當，成立過失致死罪，遭判處 2 個月有期徒刑。

撤告也有黃金時間？

　　刑事訴訟法規定若要撤告，最晚必須要在「第一審辯論終結前」完成。所以我通常強烈建議當事人：如果要和解，一定要趕在這個黃金時間之前。不然等官司上訴到二審，就算最後成功和解，我們也無法要求對方撤告，因為法律上不允許，這會導致當事人最終還是有可能被判決有罪，留下前科之憾。

在網路上被罵，
難道就不算被罵嗎？

　　身邊的朋友們都在玩最近很夯的手遊「勇者傳說」，但是我的高中同學阿寶卻因為這個遊戲感到困擾，某天聚餐的時候：

　　「欸你知道我最近有在玩『勇者傳說』嗎？我覺得很好玩耶。」阿寶先開口。

　　「知道啊，大家都在玩吧，但我是沒有入坑啦。」

　　「我最近遇到一件事，問問你的意見。」

　　「好啊，你說。」

　　阿寶在一年前加入了遊戲裡中部地區的公會，前陣子公會要選新會長，阿寶的夥伴們就鼓勵他參選，同時原本的舊會長「煞氣a小哥」則是要挑戰連任。

　　沒想到阿寶在公會聊天室宣布要參選的消息之後，

煞氣a小哥就開始在聊天室狂罵他，例如「『銅鑼灣ㄟ扛報紙』是廢物嗎？不會帶團還敢來參選啊，大家要選這個智障嗎？」之類的話，讓阿寶聽了很生氣。

「對了，『銅鑼灣ㄟ扛報紙』是我的暱稱。」阿寶拿出截圖證明給我看。

「你的暱稱很好笑耶！而且他讓大家都知道他這個人很沒水準。」我找到機會虧他一下。

「這不是重點啦！重點是他講話很粗俗，我覺得我已經受辱了。我要問你的是，我有沒有能夠制裁他的法律手段？」阿寶生氣地說。

「現在法院的看法不一，要看狀況。」我說。

「嗯，怎麼說看狀況？我已經被罵成這樣了餒。」阿寶疑惑地問。

遊戲中玩家的「暱稱」受到侮辱，會因此侵害到名譽嗎？

依照刑法第 309 條第 1 項：「公然侮辱人者，處拘役或九千元以下罰金。」只要是在公然狀態下，口頭對別人進行人身攻擊，讓被害人認為自己的名譽受到貶損，就有可能成立公然侮辱罪。

但是問題來了，在玩家都是匿名的聊天室中，有人講出很低級的罵人詞彙，到底有沒有因此貶低被辱罵的人的名譽權？正是法院爭執不下的地方。

認為「有貶低」的法官說：現在是網路時代，不論是在論壇（例如：PTT、Dcard、巴哈姆特）或是在手遊中建立自己的虛擬身分，每個人都可以用這個身分與他人社交互動，並逐漸在網路社群中建立自己的聲譽評價。

這個在網路中所建立的人格尊嚴，與現實社會的名譽權並沒有不同，都需要受到法律保護。所以這派的法官會認為，阿寶就算是在匿名的聊天室受到侮辱，「煞氣a小哥」一樣得受到公然侮辱罪處罰。

這時候認為「沒有貶低」的法官跳出來了，他們說有三個理由可以支持他們的看法：

❶現實生活中沒有人知道阿寶的暱稱叫作「銅鑼灣ㄟ扛報紙」，也就是就算對這個遊戲暱稱侮辱，也不會連結到真實世界，讓阿寶的名譽權受到減損。

❷刑法是非常嚴重的處罰，隨意動用刑法處罰，會違反刑法的「謙抑性（非必要不能用上刑法的意思）」，

如果認為真有需要處罰這類型的行為，可以請立法委員修法明定，讓大家都服氣，而不是透過解釋法律的方式擴張適用範圍。

❸雖然不能用公然侮辱罪處罰，但是不代表阿寶不能透過民事求償的方式，對「煞氣a小哥」請求金錢賠償。

我認為正反兩方都有道理，問題的癥結點在於「究竟罵『銅鑼灣ㄟ扛報紙』這個帳號是不是就等於在罵阿寶？」，我比較傾向認為「有」。請大家先想像一個狀況：如果阿寶今天是個很有名的手遊直播主，在直播的過程中他被別人辱罵，這時候因為阿寶的名氣很大，所以觀眾都知道『銅鑼灣ㄟ扛報紙』就是阿寶本人，甚至就連罵他的人都知道他罵的人是阿寶本人。這時候原本反對的人內心是不是會開始動搖，難道這樣依然無法用公然侮辱罪處罰嗎？

我舉這個例子是想告訴大家，法律不能因為被害人本身是否有名而給予差別待遇，讓名人受到較多保護，反而普通老百姓被國家放棄。再來，現在網路科技真的很發達，尤其是最近虛擬實境（VR，Virtual reality）慢慢開始盛行，玩家可以在虛擬實境內創造虛擬身分，用

這個身分在虛擬世界與其他玩家社交、戀愛、甚至結婚。

虛擬世界的名聲當然可以連結到真實世界的本人。電影《一級玩家》（Ready Player One）的男主角，因為成功破關VR遊戲「綠洲（OASIS）」而讓自己在現實世界的身分地位大幅提升就是一例，如果有看過電影，就應該知道我的意思。

最後我跟阿寶說，如果覺得受辱，建議他先去提告公然侮辱罪。

隔月的同學聚會上，阿寶跟我分享後來「煞氣a小哥」在警察局做筆錄的時候不斷跟他道歉，當下他心一軟就撤告了。不過好消息是公會的其他成員覺得「煞氣a小哥」這樣罵人很沒水準，最後阿寶成功當選會長。

「感謝有你耶，現在請叫我中部地區會長！」阿寶開玩笑地對我說。

「靠，我才不要咧。」

被恐怖情人詛咒
天打雷劈、下地獄，是恐嚇吧！

　　風流倜儻的Allen是一名音樂製作人，奔放不羈的個性從他年輕時就留到現在的長捲髮可以看的出來，每次聚餐都要聽他說最近又跟哪個女生約會的「事蹟」，上個月聚餐時，Allen卻跟我提起他最近的困擾。

　　「我最近踢到鐵板了，我之前不是跟你說我在演唱會後台認識那個長得很妖豔的Becky嗎，我們一起出去約會過幾次，該做的也都做過了。」Allen說。

　　「這不是你的SOP套路嗎，怎麼有踢到鐵板的可能？」我開玩笑著說。

　　「不是，有一天我跟另一個也很正的Tina出去，結果在東區被Becky撞見，她超生氣的，事後劈哩啪啦傳了一堆簡訊給我。」Allen說完把他的手機簡訊秀出來給我看。

「『……我這麼愛你你卻在外面亂搞，被你始亂終棄的我有多恨你知道嗎，我詛咒你被天打雷劈，一定會下地獄！我現在就去找師父扎小人，你等著吧！』這內容也太……激動了吧，沒想到她這麼瘋。」我念完簡訊也起雞皮疙瘩。

「你才知道喔，我這幾天都吃不下、睡不著，出門前還要先看監視器，確定她沒在外頭堵我，才敢出門，這封簡訊違反恐嚇罪了吧？我好害怕欸。」他問。

「我雖然很同情你，但這封簡訊可能沒有違反恐嚇罪喔。」

怪力亂神可不算是「恐嚇」行為！

恐嚇危安罪規定在刑法第 305 條：「以加害生命、身體、自由、名譽、財產之事恐嚇他人，致生危害於安全者，處二年以下有期徒刑、拘役或九千元以下罰金。」

從Allen收到簡訊的反應來看（吃不下飯、睡不著覺），確實是害怕極了，符合「恐嚇的內容、行為，會讓被害人感到恐懼」的條件。

接下來就是重點，究竟什麼才算是「恐嚇」呢？從

字面上的意思解讀，看起來只要是各種可能危害到Allen的生命、身體、自由、名譽、財產的言行，貌似都會成立恐嚇。但是法律有趣的地方就在這邊，法院認為要成立恐嚇罪，必須要恐嚇內容限於「人力所能支配的行為」。例如：要烙人打你、散布裸照等等，意思就是恐嚇的範圍並不包含「怪力亂神（也就是不能用科學證明的事情）」，所以單純用宗教、鬼神的觀點詛咒別人，是不會成立恐嚇罪的！

回到Allen的個案，Becky傳送例如「天打雷劈、下地獄」、「找師父扎小人」的簡訊內容，都不是可以由人類控制實現的行為，只屬於單純用宗教、鬼神的觀點詛咒Allen，就不能算是刑法的「恐嚇行為」。

「我矇了我，原來這種不算是恐嚇喔。」Allen露出不敢置信的表情看著我。

「對啊，法律的意思是要你不要去管那些Becky不能實現的簡訊內容，好好的過自己的生活。」我說。

「你說的是，但Tina真的很正餒。」

「真服了你，我剛剛還少說一句——管好自己的小兄弟啦！」我馬上補一句嘴爆Allen。

我被恐嚇了，該如何證明「自己當時害怕極了」？

　　我這裡有個小撇步，通常我都會建議當事人，在被對方恐嚇的當下，趕緊用Line傳訊息給家人，內容大概是「剛剛×××說要對我（自行填入被恐嚇的內容），我現在內心好害怕！」這樣日後就可以向法院證明自己當下「心生畏懼」，真的害怕極了。

「我要找律師告死你！」是不是恐嚇行為？　　再多懂一點

　　「一定會找律師告死你」之類的話，因為內容是有關於「法律權利的正當行使」，也不是恐嚇罪要處罰的範圍喔。

我只是想看世界盃足球賽！
——偷接第四台會被抓去關嗎？

　　阿泰同學是個不折不扣的陽光男孩，熱愛足球的他平時在系上的足球隊擔任隊長。因為我們是鄰居的關係，所以我和他偶爾也會相約練球。上禮拜練球時阿泰不見蹤影，後來我才知道他正為了一件事情苦惱。

　　「蔣律，你知道最近世界足球賽盃準備要開踢了嗎？」

　　「當然知道啊，我也很想看！但是我的房東沒有接第四台，所以我只能去附近酒吧看。」我說

　　「這正是我的煩惱，我上個月異想天開，偷偷接了隔壁鄰居的第四台，想說這樣就可以免費看球賽。沒想到鄰居發現後很生氣，直接去警察局告我竊盜罪，上禮拜警察打電話來找我去做筆錄，我才知道事情的嚴重性。」

　　「我知道你很節儉，但錢也不是這樣在省的啦！不

過，雖然偷接第四台觀感不好，但是在法律上是不會成立竊盜罪的喔。」我向他解釋。

第四台的訊號算是動產的一種嗎？

首先，依照竊盜罪規定，只要是故意竊取他人的動產都會成立竊盜罪。阿泰的所作所為是偷竊並沒有問題，但是有些人會有疑問：第四台是用「電磁波」的方式發送訊號源，電磁波能夠算是「動產」的一種嗎？

依照刑法第 323 條規定：「電能、熱能及其他能量……以動產論。」雖然「能量」在一般人眼中是不是動產存在爭議，但是不論如何，刑法已經將「電能、熱能、其他能量」都認定成動產。至此，大家應該都覺得阿泰成立竊盜罪了吧。

但這個想法跟法院不一樣！法院認為「只有使用後會耗損的能量，才有被偷竊的可能」。我們前面提到，第四台的訊號源本身是一種電磁波，電磁波並不像熱能或電能一樣，一旦被使用就會耗損，所以法院一直以來的看法，都認為「電磁波」不算「其他能量」的一種，所以不在竊盜罪的處罰範圍內。

舉例來說，就算鄰居的第四台訊號源被阿泰分接拿去看世足賽，也不會影響鄰居看民視八點檔的品質，所以阿泰自然不會成立竊盜罪。

　　「原來是這樣，那這樣我不就會沒事」阿泰聽完恍然大悟。

　　「你可別高興得太早！」我說。

偷接第四台的民事賠償責任是什麼？

　　我跟阿泰說，雖然他的行為不會成立竊盜罪，但不代表他不用賠償第四台業者。依照有線廣播電視法第 54 條規定，一旦他被抓到偷接第四台，除非能證明偷接的期間少於 2 年，否則至少要賠償 2 年的月費給業者。例如我就曾經辦過一件「房東將第四台訊號源，分接給多間套房使用」的案子，最後房東被法院判決要對第四台業者負賠償責任，因小失大，只能摸摸鼻子讓荷包失血了。

　　「還好鄰居沒有向第四台業者檢舉我。」

　　「這次算你走運，下次別再貪小便宜了！」我正經地跟他說。

「我知道啦，那開幕戰德國對巴西那場，我們一起去酒吧看比賽如何？」

「好啊，這次你請客。」我笑著說。

偷連別人的Wi-Fi是竊盜嗎？

我們剛剛有說到「只有使用後會耗損的能量，才有被偷竊的可能」。那麼Wi-Fi是不是一種使用後會耗損的能量呢？對此，檢察官跟我有不同意見。

苗栗有一名檢察官認為不會，他說Wi-Fi是一種電磁波，以傳送給手機連線的方式進行利用。第一，電磁波不屬於電能或是熱能；第二，我們可以想像以下狀況——我們所處的環境裡充滿了空氣，當有人呼吸，環境裡的空氣也不會減少，檢察官認為 Wi-Fi 也是如此，不會因為被使用就產生耗損，所以就算有人偷連 Wi-Fi 也不會成立竊盜罪。

但是我則是認為會，因為當很多人在使用同一組 Wi-Fi 的時候，網速會明顯變慢（這沒有爭議了吧）；而且如果不是「吃到飽方案」，用量超過時還會被電信業者加收費用，這就是一種「你一旦偷用了就會影響到我」

的狀態（跟第四台的狀況不同），所以偷連別人的Wi-Fi
也是竊盜行為的一種。以上兩種觀點，大家會採取哪種
呢？

證人當到變被告，
被傳喚作證不想去該怎麼辦？

　　某一次議員介紹來的法律諮詢，遇上一件讓我至今印象都還非常深刻的案子。Lisa目測約 35 歲，是某家上市公司的董事長的特助，該公司前陣子鬧很大的掏空案，她的名字也在新聞跑馬燈上出現。

　　「蔣律師，我該怎麼辦？」Lisa小心翼翼地拿出地檢署傳票，預計下禮拜要傳喚他開庭作證。

　　「我們一步一步來，為什麼你會被檢察官認定是侵占罪的證人呢？」

　　「這說起來有點複雜，總之就是我們董事長在過去三年間，多次私下叫我去銀行把公司的存款提領給他。現在事情爆發了，檢察官要追查董事長的侵占行為。我承認我有幫董事長領錢，我當時確實覺得有點奇怪，但是他跟我說他要拿去付公司的貨款，我就相信他，我不知道他私吞這些錢！」

　　「你可能要很慎重考慮拒絕作證喔！因為你當時有懷

疑領款的用途，很有可能檢察官認為你跟董事長是一夥的。我怕你作證完就會被檢察官改列為被告。」我說。

▌「具結」——這次是發生法律效果的發誓！

偽證，指的是在法官、檢察官面前「具結」後做出虛假的陳述。何謂具結？大家腦海中浮現出來的畫面，通常是在好萊塢（Hollywood）電影裡，證人將左手放在聖經上、右手高舉，向上帝發誓接下來在法官面前的陳述「所言皆為屬實」對吧。

現在我們換個場景，在臺灣當證人具結的流程，並沒有美國來的這麼有戲劇效果。我們也不是對著媽祖或是佛祖發誓，而是法官或檢察官會在問話前，請證人念出以下幾句話：「今為某案件作證，當據實陳述，絕無匿、飾、增、減，如有虛偽陳述，願受偽證之處罰，謹此具結。」如此就會產生具結的效果了。

▌證人的「三難困境」——說謊、不說、還是把自己供出來？

法律規定證人有必須出庭、說實話的義務。但如此

一來會讓證人產生「三難困境」：說實話可能讓自己有罪、說謊話會成立偽證罪、不說話又會被罰錢（人生好難）。Lisa正是陷入了三難困境。

我們該如何讓證人Lisa的三難困境解套呢？答案是拒絕證言權。我建議如果她有不能作證的難言之隱，例如作證會讓自己陷入有罪的風險，因此不得不做出虛假陳述，這時候可以表明拒絕作證，不用勉強自己。但是如果Lisa不具備上面的理由，又皮皮的不到庭，那可是會被拘提到庭作證的喔。

「董事長有暗示我，叫我跟檢察官說我領的錢不是交給他，我好害怕如果我不這樣說，董事長會對我不利！」

「如果你被董事長威脅不能說實話，你可以請求檢察官用『秘密證人』的方式保護你，讓你作證說實話。總之，作偽證一定是法律所不允許的，因為會大大影響刑事程序『發現真實』的功能，萬一因此產生冤案那可就糟了！」我說。

「好的，我選擇勇敢面對，我會去作證。」

「希望檢察官明察，祝你順利。」

誰可以叫證人具結？

依照刑法第 168 條規定，只有法官、檢察官可以叫證人具結。因此如果是在警察面前說謊，不會有偽證罪的問題。除此之外，檢察事務官也不能叫證人具結。

證人可以委任律師嗎？

只有被告有權請律師，證人不是被告身分，所以不能請律師在場陪同。正是因為如此，早期地檢署在辦案的時候，很喜歡先用證人身分通知當事人到場，再把證人突然轉列為被告，讓當事人來不及請律師，近年來已經比較少遇到這種狀況了。

如果親人成為被告，我可以選擇不作證嗎？

這種狀況最常發生在家暴案件身上。如果被告是自己的親人，一旦作證就會面臨道德上的兩難：說實話會讓家人有罪、說謊話會讓自己作偽證，這時候也可以到庭表示拒絕作證。

美女傷透偶的心，
騙的不是感情而是錢財？

　　阿嘉是我的高中好麻吉，前陣子才從青椒大學資工所畢業的他，戴著黑框眼鏡配上招牌荷葉邊T-shirt，同學們常虧他一副就是未來竹科工程師的樣子。宅宅的阿嘉沒什麼戀愛經驗，每次遇到感情上的疑難雜症，他總是會來請教我。

　　這是三分鐘內的第五通來電，剛剛開完庭的我這時才接起電話，電話那頭語氣焦急的阿嘉問我能不能幫幫他：「我上禮拜下載Tinder交友軟體，馬上就和一位外型是我的菜的女生叫小可配對成功，我覺得我們蠻聊得來的，老實說我有點暈船。」

　　「聊天過程中小可不斷告訴我說她的爸爸心臟緊急開刀需要醫藥費，拜託我先借錢給她，手術如果順利，她

之後就有時間可以跟我約會，甚至考慮交往，我一時意亂情迷匯款十萬塊給她，結果小可馬上就把我解除配對隨即失聯，我是不是被詐騙了？」阿嘉接著說。

「超級有可能！」我馬上回答。

成立詐欺罪的SOP四步驟

像是這種愛情詐騙，本質上不是騙感情而是騙錢財，我們會以刑法「詐欺取財罪」來處理。首先，若要成立詐欺取財罪，必須符合一定的SOP，在法律上叫做「定式犯罪」，也就是要一步步的去看整個詐騙過程，我們要觀察是不是：

STEP 1 被告先施用詐術（後面會解釋）

STEP 2 使被害人認知錯誤

STEP 3 讓被害人交付財產

STEP 4 導致被害人的財產損失。

以上每個條件缺一不可，才會成立詐欺取財罪！

施用詐術＝講出與事實不符的話

那麼有人就會有疑問，個案在什麼情況下會違法呢？舉阿嘉的例子來說，如果小可的父親早就過世，或是小可根本就是個臭男生，卻盜用其他網美的大頭照，說出這些與事實不符的話（行話叫作「愛情刀」），就會被認定為一種施用詐術的詐騙行為。

還有現在常見很多交友軟體上面會出現「阿富汗軍官」去詐騙缺乏感情經驗的中年婦女的事件（老招了啦），而且自從烏克蘭跟俄羅斯開戰以來，詐騙集團也推陳出新，改稱自己為「烏克蘭軍官」。總之只要是偽造自己的身分，或是行為、言論與客觀事實不符，一律會被認定成施詐行為。

小可該怎麼做才不會是詐騙？

回到阿嘉的案例，如果今天小可的爸爸真的因為開刀急需用錢所以才要求阿嘉匯款呢？因為小可並沒有「表示出與事實相反」的施用詐術行為，所以小可就不會成立詐欺罪。此外，小可也沒有作出承諾，而是只告訴

阿嘉如果匯款就「考慮」交往，即便最後兩人沒有交往，也不會是一種詐騙行為。

我們會發現上述「考慮交往」的狀況跟現在很多粉絲自願抖內（donate）直播主的風氣是一樣的。直播主會營造一種氛圍，讓粉絲以為只要抖內就能換取和她們交往的機會。利用這種讓粉絲出於動機錯誤的預期心理，雖然有些不道德，但只要直播主沒有講出與事實相反的話術，在法律層面就站得住腳。

我也曾經辦過一個案子：女業務告訴男生如果可以幫忙買自家公司的保健食品讓她的業績達標，公司會有休假獎勵，這樣她就有時間可以跟男生出門約會，後來發現公司還真的有獎勵休假制度，這樣也不是詐騙行為。

「我只能說天下沒有白吃的午餐，如果兩人在還沒交往以前就先開口談錢，那麼就要留意對方背後的真實動機，也不要妄想光用抖內的方式找到另一半，案情多半不單純。」

「我覺得我這次就當作是花錢買個教訓了⋯⋯」阿嘉無奈地說。

「沒關係啦，下次兄弟聚會我會幫你保守這件糗事

的，反正你之後進台積電賺很大，花這點小錢學到教訓算是划算啦！」我不忘虧我這位好兄弟一下。

你自己沒有查證的，怪我囉？

我在辯護詐欺案件的過程，常常聽到被告說「他們（指被害人）都不查證，我隨便編一個謊言他們也被騙，老實說他們就是又貪又笨，難道他們對這件事（被騙錢）都不用負一點責任嗎？」之類的話。我聽了除了拳頭硬了以外，也會同時跟他們解釋，他們的抗辯在法律上叫作「被害人理論」，指的是「被害人本身也要對於別人的話術負起一點查證的責任，不能隨便相信別人，如果因此被騙錢，被害人也要為此負責」，白話來說就是「檢討被害人（victim blaming）」。

目前法院並不採取這種見解，法院說人民放棄私人的刑罰權（私刑正義），交給國家制定詐欺罪處罰詐欺犯，就是期待自己如果被詐欺，國家也能出面處罰詐騙集團，因此人民並沒有負擔「必須查證詐騙集團話術真假」的義務。我也同意法院觀點——不能因為被害人輕

信詐騙集團話術，就把他們排除在刑法的保護範圍之外，否則將會導致社會不安定。如果這個社會存在太多猜忌，每個人在做事之前都要先查證別人說的話，絕對會讓社會成本大幅增加，我想大家也不樂見這樣的狀況發生。

律師教你如何判斷 484 愛情詐騙 ▸再多懂一點◂

線索 1　**核實身分**：確認對方大頭照是不是網路盜圖而來，是否真有此人。

線索 2　**沒事就提到錢**：兩人才剛認識對方就提到金錢，詐騙機率高。

線索 3　**先花錢才能見面**：對方要求先購買產品或先投資項目，才能繼續交流或換取見面機會，詐騙機率大。

對方不知情，
我可以把對話偷偷錄起來嗎？

　　許小姐身材高挑，深邃的五官很容易被誤認成是外國人。她身穿一件雛菊碎花小洋裝，我猜想她不是空姐就是模特兒，果不其然，她是經紀公司力捧的潛力新星。

　　「蔣律師，這是我上禮拜收到的。」許小姐手指微微顫抖，從包包內拿出地檢署傳票，傳票上面寫著「被告；妨害秘密」幾個大字。

　　「發生什麼事了？」許小姐看起來可不像是偷拍狼，這激起了我的好奇心。

　　「事情是這樣的，三年前我還是大學生，某一天在西門町逛街時，突然有人從後面叫住我，他向我自我介紹他叫作『黑哥』，是位專門挖掘模特兒的星探，問我要不要當他們公司旗下的模特兒。」

「雖然我一開始拒絕，但是他多次登門拜訪我父母，十分有誠意，最後我才答應和他簽約。總而言之，黑哥算是我的貴人兼師父。」許小姐說。

「嗯……是不是這位黑哥對你做了什麼不好的事情？」講到這邊，我大概已經猜出後續發展。

許小姐說，黑哥就像一個和善的長輩，從她剛入行就教導她要怎麼成為一個超模。沒想到上禮拜黑哥突然趁其他同事都下班，竟然把她拉到他的辦公室，先從背後熊抱她，然後把頭湊近來想要強吻她，後來她藉故月經來身體不舒服，才逃離他的魔爪。

當下雖然驚魂未定，但是她想到一定要保存證據，於是立刻折返回辦公室，質問他剛才為什麼要強暴她，當時黑哥以為沒有別人在場所以大方承認。讓人印象最深刻的是他還說「誰叫妳平常都穿這麼少，我還以為妳在勾引我耶」。所有的對話都被許小姐用手機偷偷錄音起來了，而且她還找了同事在隔壁的房間一起錄音，以防黑哥又對她圖謀不軌，同事也願意當證人。許小姐拿出手機放在會議桌上，直接播出錄音檔，內容極盡噁心之能事。

「後續我自己去警察局告他強制猥褻罪，原本堅決

否認犯罪的他，在檢察官當庭播出錄音檔後，他驚慌失色，只好承認犯罪。只是沒想到他竟然回頭找了其他律師，對我錄音的行為提告妨害秘密罪。蔣律師，我只是想保護自己，難道這樣也有罪嗎？」許小姐說完淚如雨下。

「妳先別難過，任誰都不想發生這種事，妳不會有事的，我分析給你聽。」我安撫她。

判斷有無妨害秘密的標準——違反「合理的隱私期待」

首先，依照黑哥律師的說法，許小姐把對話偷偷錄音起來的行為，可能會違反刑法第 315 條之 1 妨害秘密罪：「有下列行為之一者，處 3 年以下有期徒刑……二、無故以錄音……竊錄他人非公開之活動、言論、談話……者。」和通訊監察保障法第 24 條：「違法監察他人通訊者，處 5 年以下有期徒刑。」而且竊錄的工具：例如手機、錄音筆等等，也會被國家宣告沒收。

但事情真的是的這樣嗎？難道一旦把對話偷偷錄音，就會成立犯罪嗎？不是的。若要成立妨害秘密罪，

我們要先看對話的雙方心中有沒有一個「合理的隱私期待」，合理隱私期待指的是「雙方能不能期待對話的內容，在當下不會被其他人聽到」，只有在違反合理隱私期待的狀況下，才會有可能成立犯罪（只是有可能而已，後面會解釋）。以許小姐的個案來說，我們要看的是「黑哥能不能期待與許小姐之間的談話，當下不會被其他人聽到」。

這時候大家會發現一個很有趣的地方，因為黑哥講話的對象就是許小姐，也就是說許小姐也是參與對話的其中一人，當下她必然會知道黑哥的說了什麼，因此黑哥對她就不會有任何合理的隱私期待。所以就算她未經過黑哥同意，錄下完整對話過程，依然不會成立妨害秘密罪。

在一場談話中，其中一人錄下彼此之間對話的情形，通常背後都具有特殊的動機，最常見的目的是為了蒐集證據。舉例來說，我曾經處理過一件勞資糾紛案件，員工為了蒐集公司違法解雇的證據，作為日後打官司之用，在老闆不知情的狀況下偷偷錄音，事後被老闆告上法院，但法院認為因為老闆在談話時「沒有合理隱

私期待」，所以最後判決無罪或免賠的情形。

沒有參與對話的人偷錄音，要看有沒有「正當理由」

剛剛有提到，如果自已是參與對話的其中一人的話，偷錄音的行為絕對不會違反妨害秘密罪。那麼如果是沒有參與對話的人偷錄音，例如許小姐的同事隔著牆壁偷偷錄下許小姐與黑哥的對話的情況，該怎麼辦？法院說，今天錄音的人如果不是對話的一方，但是在錄音的當下具有「正當理由（並非無故）」才錄下對話，也不會違反妨害秘密罪。

至於「正當理由」要怎麼解釋，法院會從個案狀況去作綜合考量。例如許小姐的同事為了揭發不公不義的事情，向法院證明黑哥承認強暴行為，同時預防日後許小姐被黑哥以誣告為理由告上法院，所以受她所託錄音，此時我認為證據保存的公益性應該大於黑哥的隱私權保障，這正是所謂「有正當理由」的情形之一，因此許小姐的同事就不會違反妨害秘密罪。

「妳跟妳同事都會沒事的。」

「蔣律師，我知道了，我始終相信法律不是保護壞人。」許小姐聽完鬆了一口氣，眼淚這時才稍微止住。

一如預期，許小姐最後收到不起訴處分書，事件爆發後，媒體鋪天蓋地報導，黑哥辭去經紀公司負責人一職，而許小姐被強暴的案件至今仍在審理中……

一些無關法律的真心話

根據衛福部的統計資料，在性犯罪案件中，「熟人性侵」的比例遠比陌生人性侵來得多，例如師生、親友、同學、同事等等，都有可能是性犯罪的潛在加害人。同時比較被害人的性別比例，女生與男生的比例大約是 9：1。另一方面，「未成年人」遭到性侵害的案件更占整體案件的 63％！

從以上的統計資料我們可以看出，女性與孩童因為先天體格上的弱勢，相較男生來說更容易成為性犯罪的被害人；陌生人性侵的案件雖然更容易成為社會矚目焦點，但是實際上我們應該關注如何預防熟人性侵。

用母親的存款幫她辦葬禮，竟然要哥哥同意？

　　林桑看起來老實憨厚，如果要用台語來形容，「古意」這個詞完全符合我對他的第一印象。他穿著一件被洗衣機重複洗皺的黑色T恤，衣服跟布鞋上面都沾染了一些水泥噴濺的痕跡。從他黝黑的皮膚、粗壯的麒麟臂來看，我知道這是長年在工地打拚的人才有的特徵。

　　林桑一看到我走進會議室，馬上站起來對我一鞠躬打招呼。

　　「蔣律師好！這是我昨天收到的信。」他從霹靂腰包內翻出地檢署的開庭通知書，上面寫著四個大字——偽造文書。

　　「您太客氣了，知道為什麼會被告嗎？」我問。

最親的人傷我最深——親兄弟明算帳

　　林桑說他大概猜的到，對他提告的人其實是他的親哥哥。今年農曆年前，他的老母親因為大腸癌末期的關係，待在安寧病房治療。

　　老母親知道自己所剩時間不多，於是交代隨伺在側的林桑說，在自己百年以後，只希望可以和前幾年過世的先生葬在一起，其餘後事一律從簡。但畢竟家屬治喪還是會有一些開銷，如果有任何相關花用，請他使用老母親自己郵局戶頭裡留下來的存款支出。

　　「所以我媽在臨終前，把她郵局的存摺、提款卡、印章都交給我保管。後來辦喪事的費用，都是我跑去郵局臨櫃把她的錢領出來後，再付給葬儀公司。」林桑說。

　　「問題出在這邊，你去郵局領錢的時候，是不是有使用媽媽的印章蓋在提款單上？」我問。

　　「對！後來大哥知道這件事後，罵我說媽媽的遺產要如何花用，必須要他也同意才行。他認為我侵占老人家的遺產，說要對我提告。後來就收到這張通知書子，蔣律師我該怎麼辦？」林桑著急地說，斗大的汗珠從他的

太陽穴滑落。

「你先別擔心，在法律上你站得住腳。」我安撫他。

像這種繼承人提領遺產糾紛，我們要處理的核心爭議，其實只有兩個：

❶ 其他繼承人（林桑的大哥）有沒有同意領款行為？

❷ 繼承人林桑在提領遺產的時候，有沒有得到老母親生前的授權？

重點一：其他繼承人（林桑的大哥）有沒有同意領款行為？

首先，民法規定，被繼承人（也就是老母親）一旦過世，她身後留下的遺產，就會變成所有繼承人（林桑和大哥）「公同共有」的狀態。何謂公同共有？大家可以想像成類似「公司合夥」的概念，當合夥人在做任何決定時，都需要與其他合夥人共同決定。

舉例來說，如果今天有一位合夥人想要賣掉公司廠房，必須事先經過其他合夥人的同意；相對的，公司如果對外欠債，所有合夥人也都要共同負擔還錢的責任。法律上認為不管是合夥人或是公同共有人之間，彼此間

的關係都十分緊密，所以做決定時都必須「同進同出」！

回到林桑的個案，因為他與大哥「公同共有」老母親的遺產，所以如果他想要提領老母親的遺產，在法律上，還真的必須先經過大哥的同意才行。

林桑聽完眉頭緊皺，他說大哥確實沒有同意他去郵局領錢。但是大哥當年結婚後，因為婆媳問題馬上就搬出去自立門戶。這麼多年下來，大哥也從來沒有回家看過老母親，沒想到老人家一過世，大哥馬上出來爭遺產，然後不斷質疑他沒有經過自己的同意，他嘆了一口氣，感到很無奈。

「家家有本難念的經。」我隱約感覺到他的委屈。

以我的辦案經驗，如果夠得到其他繼承人同意，在法律上一定完全合法。所以我建議林桑最好是在領款前，用書面寫成白紙黑字讓大哥確認，免得大哥日後翻臉不認帳。看到這邊有些人可能會有疑問：林桑的行為頗讓人同情，雖然沒有經過大哥同意，但是老母親生前已經如此交代了，難道不能讓林桑的行為原地合法嗎？可以的！接下來就是要說這個。

重點二：繼承人林桑在提領遺產的時候，有沒有得到老母親生前的授權？

首先，如果老母親生前有授權林桑可以提領遺產，用作喪葬費支出，法院會認為，這個「特殊委任」的授權關係，不會因為老母親過世而消滅。既然授權依然存在，林桑就是有權領款的人無誤。而且林桑在提領款項後，若真的有用做喪葬費支出（例如靈骨塔、骨灰罐、靈堂設置等等），自然也不具備侵占遺產的犯罪故意。

「所以要麻煩你幫我準備兩樣東西，第一是你去郵局領錢的交易明細；第二是葬儀社開給你的收款證明。我要向檢察官證明你從媽媽郵局戶頭領的錢，全部都有用作喪葬費支出！。」我幫林桑做總整理。

後來林桑的案子一如預期獲得不起訴處分。某天下午，我在路上巧遇他。

「蔣律師好！」他對我客氣地鞠躬打招呼，彼時陽光灑落在他的背上，還是當年那件印有水泥噴濺痕跡的黑色T恤。

提領遺產的法律防身術

Step 1 取得長輩書面同意，由長輩授權自己負責提領存款，預作未來喪葬費支出。

Step 2 取得全體繼承人同意，由自己負責處理長輩的身後事。

Step 3 向銀行行員表明匯款目的，並告知已經獲得被繼承人的同意所以才前來匯款。

Step 4 把後續喪葬費用的支出，整理成「喪葬基金收支明細表」並保留支出單據。

Step 5 申報被繼承人遺產總額時，將已提領金額納入一併申報，載明在遺產稅免稅證明書上。

跟對方口水戰之前，你該知道的誹謗罪和公然侮辱罪差別？

大選將至，每晚九點的政論節目，成了各個政黨的主戰場，洪議員就是在野黨的戰將之一。白天在當議員的他，一到晚上就會化身為政論節目的名嘴針砭時事。只是快人快嘴的他難免會有口舌之爭，引起爭議，某天在節目上：

「議座，今天週刊爆料部長的婚外情醜聞，你怎麼看？」節目一開場是熱門話題快報，主持人馬上把球丟過來洪議員這邊。

「我當初就說新政府不應該任命這個人當部長，真的是白痴、王八蛋耶！自己部會的事情做不好就算了，還整天去摩鐵搞小三。」洪議員怒罵道，說完便拿出部長開車進摩鐵的照片指證歷歷。

「哇,我不知道議座還有照片耶,而且是週刊裡面沒有的。」主持人端詳照片後,拿起週刊翻閱比對興奮地說。

「沒錯,這是民眾私底下提供給我的。我不能說那個人是誰,但是可信度極高。」洪議員得意洋洋地說。

這時節目開放觀眾call in一通電話打進來,竟然是部長本人。

「議員我跟你說,我擔任部長任內政績如何,社會自有公評。議員今天拿一張合成的照片造謠,而且還罵人白痴、王八蛋,恕我不能接受。」隔著電話那頭,明顯感受到部長的語氣有些不快。

「部長意思是週刊那些照片也都是合成的嗎?」洪議員馬上反擊。

「議員,話不是這樣說,我是那個女生的指導教授。我們那天是為了討論他的論文修改,需要一個安靜的空間,才臨時決定去旅館討論的。」部長氣勢顯然稍弱。

「如果部長覺得我今天在節目上說的有所不實,歡迎提告。」洪議員堅定說道。

「好,我明早就去提告,看誰會被法院認證。」部長說完直接掛斷電話。

節目一結束，我的手機鈴聲馬上響起，螢幕顯示洪議員來電。我猜想他是要跟我討論如果真的被告妨害名譽該怎麼辦，我接起電話先開口：「議座，剛剛節目很刺激喔！」

　　「對啊！蔣律師，我覺得可以準備官司的事了，依照部長的行事風格，這一仗勢必要在法院解決。我也不怕他，我的爆料都有所本。」洪議員直接切入重點。

　　「只是要請你分享一下法律觀點了。」洪議員接著說道。

「誹謗」與「侮辱」的最大差別是什麼？

　　一般民眾口頭上說的「妨害名譽」，比較像是一種廣義的說法。斯斯有兩種，妨害名譽也細分為兩種狹義狀況：一種是「公然侮辱罪」；另一種則是「誹謗罪」。

　　侮辱跟誹謗的最大差別，在於侮辱是一種對於他人的「謾罵、嘲笑」。侮辱行為不會針對他人的所作所為做出評論，而是一種純然的蔑視行為，目的是要讓對方感到心理不舒服。侮辱並不僅可以用言語表達（例如三字經國罵），也可以用不雅手勢完成（例如比中指）。所以

我們可以知道，侮辱罪不只維護主觀名譽，更是為了保護人格尊嚴不受到貶低。

再來是誹謗行為。誹謗行為的特色，是對於別人的所作所為做出評論（或散布謠言），目的是為了讓別人的名譽受到貶損。簡單來說，就是要「降低別人在社會上受到的人格評價」。造謠一張嘴，闢謠跑斷腿，有些人很在意自己的清譽，如果因為別人胡亂講話，導致自己的客觀名譽受損，這可是一件不得了的事情。

還是不清楚兩者的差別嗎？舉個例子，如果今天我口出惡言怒罵「你是豬嗎！」你可能只會覺得我很沒水準，加上內心覺得受辱，但不會覺得自己真的是豬，這就是一種侮辱行為。但是如果我到處宣傳「某甲已經三天沒洗澡了，身上味道臭得跟豬一樣！」，大家可能真的會相信某甲真的好多天沒洗澡了，造謠成功，這就是一種誹謗行為。

以洪議員的個案來說，怒罵「白痴、王八蛋」可能是侮辱行為、「整天去摩鐵搞小三」可能是誹謗行為。至於他需不需要受到處罰，應該要衡量，在言論自由和名譽權之間，兩者孰輕孰重（後面會提到）。

侮辱罪必須「公然」才行？

　　首先，公然侮辱罪規定在刑法第 309 條：「公然侮辱人者，處拘役或 9,000 元以下罰金……」這裡的「公然」，可能大家直覺想法會是「不特定或多數人可以見聞的狀態」，但是依照法院的看法，在罵人時「不一定要有第三人在場」才算是公然，只要是該空間是個流動、開放性的空間，也就是任何人能夠隨意進出的場所，也算是公然的一種。我認為法院擴張解釋公然的意思了！

　　舉例來說：兩人在百貨公司的廁所吵架，互相怒罵對方三字經。就算廁所沒有其他人在場，在法院眼中仍然符合「公然」的定義。以洪議員的個案來看，在政論節目上辱罵部長，一定屬於公然無誤。另外，平時大家習慣在 Line 群組交流意見，如果在群組中罵人，也要小心成立公然侮辱罪。

「幹！」是口頭禪，不會成立公然侮辱罪！？

　　之前有網路媒體刊登出「臺灣罵人價目表」，裡面列出如果罵出各種難聽的用詞，最後會被法院判賠多

少錢，以及是否成立公然侮辱罪的新聞。其中有寫到「幹！」因為是台語發語詞，所以判決無罪的案例，是否如此？先說結論，不一定。搜尋公開判決，法官說被告罵「幹！」是否成立公然侮辱罪，不能一概而論，而是要分成兩個面向去觀察。

第一面向是要先確認被告在罵出髒話的當下，有沒有侮辱人的意涵。要從事件脈絡、雙方關係、語氣、語境、語調、前後文句等整體狀況綜合觀察，不能斷章取義。

第二面向則是要留意有沒有其他解釋上的可能性。例如「幹！」字一詞，可以用來侮辱他人，也有可能用作問候親友的發語詞（例：「幹，最近死到哪裡去了。」）、發洩情緒之詞（例：「幹，真衰！」）。我覺得真是有道理，因為我跟高中死黨打屁聊天的時候也是「幹來幹去」，彼此當然沒有侮辱對方的意思。

回到洪議員的個案，他在政論節目上的原話是「我當初就說新政府不應該任命這個人當部長，真的是白痴、王八蛋耶！自己部會的事情做不好就算了……」觀察前

後文意，洪議員可以解釋說「白痴、王八蛋」是他自己的口頭禪，不是在罵部長。就算是在叫罵，也是在表達新政府在用人選材的時候並不精明，或是明知道此人能力不足仍然政治任命，非常酬庸而且很讓人民失望的意思。如果法官採信這套說法，那麼洪議員就不會成立公然侮辱罪。

回到誹謗罪，用「文字、圖畫」誹謗別人罰更重！

誹謗罪規定在刑法第 310 條：「意圖散布於眾，而指摘或傳述足以毀損他人名譽之事者，為誹謗罪，處 1 年以下有期徒刑……。散布文字、圖畫犯前項之罪者，處 2 年以下有期徒刑……」

看完法條我們可以知道，用文字或是圖畫去誹謗別人，可能會構成加重誹謗罪。如果是用說話的方式誹謗，因為言語會隨風消散，所以造成名譽權的損害相對於文字來說較小；但若是用文字或是圖畫在網路上誹謗別人，就算後續刪文還是會留下歷史紀錄，造成的損害更大，當然要加重處罰。

注意！誹謗罪的「寒蟬效應（Chilling effect）」？

　　有些人會有疑問，一旦誹謗別人就要被罰，會不會造成大家不敢說出內心真實想法？更激進的說，誹謗罪的規定就是打壓言論自由的一種手段，讓人民產生「寒蟬效應」，導致人民參與公共事務，以及討論公共議題的意願大幅降低，難道名譽權的保護絕對大於言論自由嗎？

　　這話只說對了一半。我們前面提到誹謗別人原則上要遭受處罰沒錯，但是如果洪議員在發表高見的時候有下列狀況，便是立法者認為對於言論自由的保護要優先於對名譽權的保護，而成為例外不處罰的原因之一：

　　刑法第 310 條第 3 項規定：「對於所誹謗之事，能證明其為真實者，不罰。但涉於私德而與公共利益無關者，不在此限。」

　　刑法第 311 條規定：「以善意發表言論，而有左列情形之一者，不罰：

　　一、因自衛、自辯或保護合法之利益者……

　　三、對於可受公評之事，而為適當之評論者……」

以上都是不處罰的理由。以洪議員的抗辯策略來說，應該要主張刑法第 310 條第 3 項「對於所誹謗之事，能證明其為真實者，不罰。」要注意，這裡的真實指的是「相對真實」而不是「絕對真實」。

蝦米！真實還有分「相對」跟「絕對」喔？

　　「相對真實」指的是發表言論的人，已經在他的能力範圍內對於該消息的真實性盡力查證後，才相信這件事是真的。以洪議員來說，他之所以會說自己爆的料有所本、照片不是經過合成，是因為他已經私下進行合理的查證，例如找人去摩鐵詢問當天部長與女學生有沒有一起開房間。就算最後被法院認定所述絕對不實，洪議員也不會因為說出不實的話而受到處罰。

只要跟私生活有關就無法評論？那可不一定

　　至於部長可能會依照同條但書「但涉於私德而與公共利益無關者，不在此限。」主張就算有開房間這件事，也是部長與他太太之間的事情——也就是說其個人的私

生活與第三人無關。

對於部長的主張，洪議員可以從兩個面向切入，第一，政治人物的私德跟專業表現之間，事實上息息相關。一個政治人物如果好色，他在從政時就很容易運用權勢，來暗示他人接受自己的不當要求，藉此滿足個人慾望，例如接受性招待等等。

當初部長就是打著「專業教授」的形象在政壇發光發熱，也是新政府任命他擔任部長的原因。部長與女學生有無不當關係，也是部長是否為專業教授的重要考量因素之一，所以部長的私生活應該涉及公共利益才對。

第二，部長是政治人物，屬於「自願進入公眾領域」的人。對於自願進入公眾領域的公眾人物們來說，既然掌握較多的社會資源，當然更有能力、機會為自己的名譽澄清。所以自然需要接受、忍受較為嚴格之監督才是。

結論上來說，我認為洪議員的言論雖然激進，但是部長作為公眾人物，其行為應該要可受公評，洪議員的指控也並非毫無查證、無的放矢。基於保障言論自由的立場，此時部長的名譽權應該要稍微退讓，才能夠讓各種多元的言論進入言論自由市場競爭，由人民自行判斷，

正是民主國家可貴的地方。

「感謝蔣律師，這一小時對我的幫助非常大！」洪議員說。

「哎呀，太興奮了！一個不留神已經講了一小時了。」我虧了一下我自己。

「我想是這樣，明天部長去地檢署按鈴告我的同時，我也開個記者會，把你剛剛跟我說的告訴大家。這局延長賽不能輸，之後官司就麻煩你了。」洪議員語調上揚，聽得出他還處在戰鬥狀態中。

「好啊，靜候消息。」我笑著回答。

法律小學堂

一不小心就被騙——
你不能保留法律追訴權，也不能拋棄告訴權

　　現任臺北市議員的吳議員在網路上擁有很高的聲量，擅長街頭演講的他身為在野黨的明日之星，打算挑戰下一屆立委選舉。消息一出，某週刊馬上出手，抹黑吳議員疑似外遇女助理，某晚他在拜票行程結束後，趕來事務所找我。

　　「這週刊的立場鮮明，我早就知道是被執政黨所控制，沒想到這次他們連演都不演，我現在正想著該怎樣反擊。」吳議員說。

　　「法律以外的手段我不能提供，但是法律上該作的宣示一個都不能少。」我這樣建議吳議員。

　　「舉例來說？」

　　「我們先開記者會同時準備聲明稿，下一步就是寄律

師函準備提告，民事、刑事都要告妨害名譽！」

「沒問題就這麼做。對了，我想在聲明稿裡面加一句『保留法律追訴權』不知道是否可行？」

「可以，但是議座要知道，在法律上沒有效果。」

▍什麼是保留法律追訴權，能吃嗎？

「保留法律追訴權」是政治人物跟名人召開記者會最愛用的手段，這幾年來不斷的在記者會上出現，讓網友戲稱是「保留法律追訴拳」，像極了某門派的獨家絕招。其實站在律師的角度來看會覺得有點尷尬，因為六法全書上從來沒有「法律追訴權」這幾個字存在。既然在法律上沒有法律追訴權這回事，更別談說要不要去保留它。

如果要認真探討法律追訴權的意思，大概就是——「雖然我可以告你，但我現在暫時不告，但如果你不道歉，我就會告你」的意思，不免讓人有些哭笑不得。不過保留法律追訴權作為訴訟方式以外的警（ㄎㄨㄥˇ）告（ㄏㄜˋ）手段，我認為對一般人多少還是有些威嚇效果。

果然一如我的預料，隔天記者會開完，週刊總編輯馬上派人送水果禮盒到議員服務處致歉，說是底下的小記者沒有查證完全，擅自把新聞刊出來。吳議員跟我說完這件事情的時候，我們兩個一起大笑說「鬼才相信！」。最後在我主持協商之下，雙方達成和解，吳議員同意不對週刊提告，但是週刊必須在下一期的頭版頭，刊登全版道歉啟事。

▌拋棄告訴權，不是你說不要就不要

「蔣律師，現在對方雖然答應道歉，但要求我必須拋棄刑事告訴權，聽起來很合理，但感覺好像又有哪裡怪怪的？」我稱讚吳議員的敏銳度很高，我跟他說在法律上「告訴權不能預先拋棄」！雖然雙方事先約定好不提告，但是一旦有人事後反悔，還是能夠對他方提出刑事告訴。

如果我是週刊委任的律師，就會要求吳議員事先簽署一紙「刑事撤回告訴狀」，用來確保他如果事後反悔提告時，週刊公司就可以直接把刑事撤告狀遞交給地檢署，讓

案件直接撤回結束。總之，這算是和解的眉角之一。

「懂了，既然週刊沒有這樣要求，那我就裝傻不知道就好。」

「難怪議座可以在政壇發光發熱。」講完我們倆開懷大笑。

當下次看到又有名人出來開記者會聲稱「保留法律追訴權」時，不妨當茶餘飯後的話題聽聽就好。另外如果和解成功，對方同意拋棄告訴權時，也不要疏忽大意，必須要求對方預先簽署撤告狀，確保自己的權益。

醫生墮胎要小心，配偶拒絕就不行！談墮胎權法律爭議

趙醫師是一位聲望極高的婦產科醫師，從手術帽在他額頭上留下來的壓痕，看得出來他一下班便風塵僕僕地趕來事務所。

「蔣律師，我最近遇到了一件很荒謬的事情。」

「怎麼說？」

「上個月有個女生來診所說要墮胎，診所評估後覺得沒問題，也依照規定請她把墮胎同意書拿回去給他先生簽名蓋章，結果等到墮胎手術完成後，她先生突然跑來診所鬧場，聲稱同意書是他太太自己簽的，說我們已經構成加工墮胎罪，這下該如何是好？」趙醫師在解釋過程時，表情暗藏一絲激動。

優生保健法，不只保護孕婦，也保護醫生！

　　我安撫趙醫師的情緒，告訴他刑法第 289 條加工墮胎罪雖然規定「受懷胎婦女之囑託或得其承諾，而使之墮胎者，處 2 年以下有期徒刑」，看似任何人一旦協助孕婦墮胎就會成立犯罪，但其實不然，醫生只要是在符合優生保健法的狀況下墮胎，就不會被該罪處罰。

孕婦可以合法墮胎的六種狀況？

　　事實上，優生保健法第 9 條規定有六種狀況可以合法墮胎（例如：胎兒有遺傳疾病、分娩會有危險、遭性侵害懷孕等等），其中又以第 6 款「因懷孕或生產，將影響其心理健康或家庭生活者」最常派上用場，也就是趙醫師為這位孕婦墮胎的依據。但要注意的是，如果以此規定當作墮胎的理由，法律規定必須事前得到丈夫同意才行。

　　「看起來你們有得到她先生的同意啊！」

　　「有的，手術當天她先生也有到場，護理師也再三向他確認是否同意太太墮胎。」

「這樣看來他是事後反悔，你們在法律上完全站得住腳。」

「沒錯，我從醫這麼多年，自認行事正直。沒想到今天還是遇到醫療糾紛了，只能請蔣律師處理後續……」

「沒問題。題外話，我剛說的第 6 款規定看似保障女性自主權，但是以此種方式墮胎必須得到另一半同意，一直被婦女團體批評太過父權，雖然衛服部推出的草案要求刪除『得配偶同意』幾個字，但目前立法院還沒通過，而「墮胎權」涉及的議題面向也十分寬廣呢！」我說。

小故事：美國羅訴韋德案的重要意義及被推翻後的影響？

談到女性墮胎權的里程碑，不得不提美國 1973 年的「羅訴韋德案（Roe v. Wade）」，該案起源於當時的德州規定「除了特殊醫療原因以外，嚴禁人工流產手術。」此一嚴格的墮胎規定，在美國共和黨執政的美國中西部各州非常常見，此案的原告諾瑪‧麥考維（Norma McCorvey）因為被該州審查委員會依否決墮胎手術申請憤而提告，全案進入訴訟，最後最高法院以多數決（7：2）判決德州規定違憲，並確立了女性墮胎權為美國憲法

所保障隱私權的範圍之一。

　　此看法穩定維持近 50 年後，不料最高法院卻於 2022 年中推翻羅訴韋德案，認為墮胎權不再是美國憲法上所保障的權力之一，所以各州政府可以自由訂定對於女性墮胎的限制，想當然爾，保守州已經磨刀霍霍，準備推出一系列嚴格的墮胎禁令。

墮胎權的本質：女性自主權vs胎兒生命權

　　從美國對於墮胎權的發展脈絡，可以知道墮胎權並不是我們去拔一顆牙或是切除盲腸這麼簡單的事情。追根究柢，當中涉及了女性自主權和胎兒生命權，兩項基本價值之間的拔河角力。

　　要討論墮胎議題，我想先從第一個問題開始談起：對於「胎兒」以及「胚胎」的保障是否應該一致？我認為「胚胎與胎兒本質上有所不同」所以應該給予差別待遇（胚胎流產條件較寬鬆、胎兒墮胎條件較嚴格）。用比較粗暴的講法，胚胎就像是細胞，而胎兒更接近人，既然兩者不一樣，當然要給予不同程度的保障。

第二個問題，胚胎何時成為胎兒？我認為這才是墮胎權大戰最核心的爭議。有人認為當胚胎出現心跳的時候就是胎兒（例如心跳法案heartbeat bill）。也有虔誠的基督徒認為，從精子與卵子結合的那一剎那就是胎兒。也有少數人認為必須要超音波顯示胎兒出現人型時才算。老實說，這還真的沒有正確答案，每個人的宗教信仰、道德上判斷都有所不同，所以我們發現一件有趣的事情，第二個問題討論到最後，竟然變成了信仰問題。

當然我沒有過度提及女性自主權的原因，是因為女性自主權本來就應該原則性的被尊重。盡力保障年輕女性的經濟狀況穩定與個人職涯發展不被中斷，不論是發生預期或非預期懷孕（例如：未採取避孕措施或遭強暴懷孕等）都一樣。

總而言之，希望藉由本篇文章，帶領大家初探墮胎權的社會議題。我們明顯可以發現，社會科學沒有對錯，一旦開啟思考大門，我們可以更貼近自己的本心（突然感性起來）。

候選人選舉送禮，
價值高於 30 元可能也不算賄選？

　　離總統大選投票剩下不到 30 天，兩大黨都動了起來，何里長就是執政黨在地方上的大樁腳之一。有次我去里長辦公室接受民眾法律諮詢，看到何里長正在發放印有候選人照片的面紙給里民，還有每人一瓶 L 牌的護手霜。我看了大吃一驚，連忙把里長拉到身邊。

　　「里長，你這個是幹什麼？」

　　「蔣律師喔，我這個就是中央黨部交代要發的阿。你看人手一瓶多開心，明年初投票就會票票入匭，一定延續執政的啦！」何里長慷慨激昂說著。

　　「你這個可能會違法，我不是說面紙喔，是你那瓶護手霜。」

　　「是喔，為什麼啊？」何里長睜大眼睛看我，一副不敢置信的表情。

買票行為超嚴重，高價物品都會中

　　首先，發放高價物品的行為，可能已經構成「投票行賄罪」，也就是我們俗稱的「買票賄選」。發生在總統大選的買票行為，最重可以處 10 年有期徒刑 。以何里長的個案來看，發送高檔護手霜的行為，無非是希望里民可以把票投給特定的候選人，這樣就會成立「投票行賄罪」。舉例來說，之前就有候選人送民眾高價茶葉、水果禮盒，而被法院判決成立「投票行賄罪」的例子。

　　此外，引用法律百科網站整理：「有罪的案例，諸如免費提供價值達 500 元的整骨按摩服務、200 元香腸禮盒、200 ～ 300 元的薑黃粉、300 元的紅茶禮盒，或是繳交 300 元報名費換取 500 元旅遊利益。更曾有提供零售價約 70 ～ 100 元的魚肉給選舉權人，而被判有罪的案例⋯⋯」

贈送金額低於 30 元的「選舉宣傳小物」也是買票嗎？

　　何里長聽到這邊面露疑惑地說，他也有發放印有候選人照片的面紙給里民，同樣是希望里民可以投票給特

定候選人，這樣會不會也算是買票的一種？針對這一點，法務部已經表態，他們認為不算買票！法務部說如果候選人發送價值 30 元以下的單純宣傳物品，例如：原子筆、鑰匙圈、打火機、面紙、農民曆、帽子等等。依現在社會大眾的觀念，這些文宣品只是候選人用來加深選民他們的印象而已，沒辦法讓民眾因為拿到這些文宣品，就把票改投特定候選人，所以不算是賄選。這就是大家根深蒂固的觀念——認為只要沒有超過 30 元就不算買票的由來。

造勢場合的雙主菜便當、遊覽車接送，法院怎麼看？

何里長又問道：現在這麼多造勢場合，不是都會用遊覽車載民眾到現場，而且還會發放「雙主菜便當」，這樣是不是買票？對於這個問題，法院採取「綜合判斷標準」——要綜合判斷候選人提供的物品或服務是否足以影響或動搖選民投票意向，並沒有所謂市價或行情的絕對標準。

白話來說，就是**法律上並沒有明確規定送 30 元以上的物品就算是賄選，而是要依個案的情況綜合判斷。**這

樣來看，往返造勢場合的遊覽車載送服務，或是雙主菜便當，我認為應該也不至於影響選民的投票意願，所以也很難被認定是賄選行為，否則現在這麼多候選人都要進去土城看守所了（誤）。

「蔣律師說的是，我趕緊請助理回收護手霜！」

「沒錯，亡羊補牢。我還想繼續在你這邊法律諮詢耶。」我開玩笑的說。

「沒問題，之後里民的法律問題也都麻煩你了。」何里長熱情的向我答謝。人這麼客氣，難怪他能夠四連霸當選里長。

那些被認定不算是賄選的禮物們　　再多懂一點

我直接引用法律百科網站整理：「實務上，曾出現過贈送價值僅 26 元的小型收音機不構成投票行賄罪的案例。也有贈送一瓶 179 元的高粱酒給某一戶，但該戶有 5 個投票權人，法院認定平均下來一個投票權人分到的只比 30 元多一點點而已，而不構成投票行賄罪的例子。」

自首與投案，哪裡不一樣？

　　劉大叔是個再平凡不過的中年男子，除了啤酒肚以外，隨著年紀逐漸失守的髮際線，讓他比實際年齡看上去更顯老。他同時還是個政治狂熱份子，隨著四年一度的總統大選戰況白熱化，到處去參加造勢晚會的他果然跟立場不同的人起了口角爭執。

　　某天我接到劉大叔的電話：「蔣律師，這次真的出事了，我沒想到這麼嚴重。」他焦急的說。

　　「怎麼了，跟昨天晚上的造勢晚會有關嗎？」

　　「算是，昨天的晚會很成功，但我因為前一攤稍微喝了點小酒，加上一到現場抓到對手派來鬧場的走路工，我不小心就跟對方起了肢體衝突。」

　　「對方一直嗆我們最後投票會被棄保，而且先推我一把，我氣不過就直接朝他揮拳，旁邊的黨工趕快把我帶離現場，我現在酒醒了覺得很後悔，想要去派出所自首，蔣律師你可以陪我去嗎？」

　　「劉叔，你有勇於面對的心態很好，但自首不是你想

像的這麼簡單喔！」我說。

「那要請蔣律師開釋了，我全部配合。」酒醒後的劉大叔少了昨晚的狂態，又變回正常人。

投案只是口語俗稱，自首才是法律用語

常常見到重大社會事件，新聞標題寫著「×××主動向警方投案（或自首）」，但是投案與自首在法律上還是有頗大的差別。首先，投案算是一種比較廣義、籠統的口語俗稱，只要犯人主動找警方說明案情都可以算是投案；至於自首，則是法律上的精確用語。依照刑法第62條規定：「對於未發覺之罪自首而受裁判者，得減輕其刑……」

白話來說，只要是在「警方還不知道犯罪發生，或是已經知道犯罪發生，但還不知道兇手是誰」之前，犯人就主動出面向警方說明案情，便有機會成立自首。

如何自首？步驟教學，希望大家用不到

首先，當我在處理自首案件的時候，都會盡量找熟識

的警察處理，一來可以讓警察在筆錄中明確記錄「本件被告主動向警方自首」這幾個字，讓日後法院判決時可以參考，二來也可以增加警察的業績，何樂而不為，算是律師經驗談。

另外，自首成立的前提，必須要犯人表態「願意受到司法追訴」才行。要不然的話，就會發生犯人昭告天下壞事是自己做的，然後說完就跑路逃亡的狀況，此時仍然不會成立自首。

至於自首的內容，只需要「申告犯罪事實」就可以了，就算是日後作出有利自己的辯解也沒關係。舉例來說，如果劉大叔在警方還沒發現自己打傷對方之前，就前往派出所說明案情，但是他仍然可以在法院審理過程中，主張自己因為先遭到對方攻擊，所以出拳反擊是基於「正當防衛」，此時仍然不影響自首的成立。

再舉另一個例子來說，當發生車禍後，肇事的車主主動向警方報案，就算日後上法院車主主張自己對於車禍的發生「沒有過失」，也不影響已經自首的結果，所以大家會發現，最常發生自首狀況的竟然是車禍案件。

自首一定可以減刑嗎？那可不一定

最後，自首的法律效果，在民國94年以前是「一律減輕其刑」，但是因為太多大壞蛋因為自首而獲得減刑，讓社會輿論一片譁然，所以修法過後改成「得」減輕其刑，讓法官擁有最後的決定權，並考量被告有沒有真心想要悔改，而給他們減刑的機會。

「原來如此啊！」劉大叔聽完後點頭稱是。

「所以如果你想要勇於面對，我們就趕快去派出所自首，免得對方先報案，你就沒有減刑空間了。」

「沒問題，就照您說的做。」

「下次別再衝動了，拜託。」我虧了劉大叔一下。

「遵旨照辦！」

委託律師代表自己自首可以嗎？　　　　　　　　再多懂一點

答案是「可以」的，可以委託律師代表自己自首。注意喔，這裡指的是可以委託律師「代表」而不是「代替」自己自首，另外，千萬不要代替別大自首，如果代替別人自首的事情被發現，很有可能成立刑法第164條「冒名頂替罪」！

好衰！被對方亂告一通，我可以反告他誣告罪嗎？

事務所樓下新開一家便利商店，大夜班的店員綽號叫金毛，源自於他的一頭招牌金髮。每當我加班到深夜下樓買宵夜的時候，不免會跟他聊上兩句，平時容光煥發的他，今天的背影卻顯得異常落寞。

「今天怎麼啦，看起來有氣無力的？」我問。

「就我那台重機阿，前天跑山的時候被人家從後面撞上去，真的是有夠衰！」金毛朝店門口指了指，那台YAMAHA重機的車牌明顯凹下去。

「更奇葩的是我下車跟對方理論，對方竟然跟到場的警察說我恐嚇他，現在不只是修車費沒著落，還要跑警局一趟說明經過。」他無奈地聳聳肩。

「所以你有對他說什麼嗎？」

「我只有對他說『欸你騎車不看路嗎？給我小心一點！』這樣。」

「咦？你只是提醒他騎車小心，這應該不算恐嚇啊！」

「對啊，我也是這麼想。蔣律師我能告他誣告罪嗎？因為他已經對我的生活造成很大困擾了。」金毛說。

「恐怕有點難。」我嘆了一口氣說道。

想讓對方成立誣告罪這條路，可說是困難重重啊！

老實說，誣告罪並不是這麼好成立。依據刑法第169條誣告罪規定，有成立誣告罪要符合兩個條件：第一，誣告的人主觀上要有使對方受到刑事處罰的意圖；第二，客觀上還要提出虛假的證據或指控，這樣才有可能成立誣告罪。

由此可知，提告的內容可能因為時間久遠、沒有錄音錄影，導致不能證明提告的內容實在。但是不能證明提告內容，不代表一定會成立誣告罪！今天如果對方沒有杜撰虛偽不實的事實、證據，就不是誣告罪要處罰的範

圍，結論一句——「誣告罪並不是這麼好成立」。回到金毛的案子，金毛跟對方有起口角爭執是事實，只是不能證明他所說的話是恐嚇行為，或只是雙方對於恐嚇言論的認知上有所差異，所以就算法院判決金毛不成立恐嚇罪，對方仍然不會成立誣告罪。

「這樣看來誣告罪確實很嚴重，但我這件並不是這麼好成立誣告對吧？」金毛說。

「你說對了，話說回來對方有保險公司可以先賠償你的修車費吧？」

「沒有耶，在他賠償我之前我只能多排幾天大夜班，拿加班費去修車了，超衰！」

「你可別去信貸修車喔，小心變成山道猴子。」

「我知道啦，撞我的那個人才是山道猴子，是說我最近出了一款車身雷射貼紙，你要不要買一組？」金毛開玩笑地跟我說。

若真的成立誣告罪會被判多重？

誣告罪最重可以處 7 年以下有期徒刑。如果是對父

母、爺爺奶奶誣告，依照刑法第 170 條規定，刑度更可以加重二分之一。而這兩罪都是不能「易科罰金」的罪名。雖然要成立誣告罪有一定難度，不過一旦成立誣告罪，所要遭受的處罰可以說是蠻嚴重的。

亂告民事求償，會不會成立誣告罪？ — 再多懂一點

不會。因為誣告罪只限於隨便誣陷別人違反刑法的狀況，如果只是亂告民事求償的話當然不會成立誣告罪，但我不鼓勵大家這麼做喔。

你最需要的
「律師挑選全指南」!

　　「到底該怎麼挑律師?」大概是一般民眾在遇到官司的時候最苦惱的問題,一來自己是個善良老百姓,平常沒什麼在跟別人起爭議,所以認識的律師也少,二來是不知道眼前的這個律師到底能不能解決自己的問題。今天我就從圈內人的角度和大家聊聊,到底如何挑選律師吧!

挑律師的方式——找認識的還是在網路上很紅的律師?

　　在決定律師該怎麼挑之前,我們應該先討論「挑選律師的管道」,前面有提到一般人因為平常不會遇到什麼法律問題,所以不會特別認識律師,以我的經驗來說,絕大多數的人在找律師,都是透過身邊的親友詢問,或是

以前一起讀書的同學現在在當律師的，從這幾個地方優先找起，原因是基於信任，信任自己的同學或是親友推薦的律師會認真處理，不會「惡搞」自己的案件（不管這個律師是因為能力不足，或是太過偷懶把自己的案件砸鍋）。

除了身邊親友推薦以外，第二種找法就是找網路上的名氣大的律師，俗稱「網紅律師」。現在自媒體發達，加上律師人數越來越多（只能用一狗票來形容），所以律師招攬業務越來越惡性競爭，大家無所不用其極增加自己的曝光度，不管是接受新聞採訪或是在YouTube拍影片分享法律知識所在多有。

當然，利用各種管道行銷自己無可厚非，但是請留意，你在網路上看到的只是「律師想讓你看到的」，聽起來有點饒口，白話文來說就是律師的人設包裝，跟他實際上到底會不會辦案，真的沒有太大關係。

挑律師的資訊不對等──私下打聽

不論是經過親友介紹的律師，或是自己上網找的律

師，大家都要注意一個現象，這個現象就是所謂的「資訊不對等」，在與律師初步的電話接洽過程中，實在是不容易看出來這個律師的能力好壞。你會想問：「蔣律師，你說這麼多，還是沒有跟我說到底怎麼挑律師啊！」且慢且慢，以下娓娓道來。

挑律師的黃金定律——找到視病如親的專業律師

❶ 專業領域

挑律師的最大重點，首重這個律師的專業領域。臺灣的律師雖然什麼都要會，但還是會有擅長的案件類型。舉例來說，A律師事務所主要承辦跨國併購或是商務案件，你就很難期待他們對於刑事案件有大量的辦案經驗，或是這個B律師平常是在打家事離婚案件，你的稅務官司他們也很難幫得上忙。

那麼該怎麼確認律師的專業領域呢？有一個小撇步：你可以上公開判決網「Lawsnote」輸入律師的名字，觀察這位律師平常主要承辦的案件類型，如果這位律師承辦同類型案件超過十件以上，就可以核實這位律師確實是這方面的專家。

❷ 辦案認真

再來,挑選律師的第二個重點,是這位律師「到底認不認真」。依照我的經驗,一位律師有沒有認真處理案件,對於官司成敗影響非常之大。

那麼該如何確認這位律師辦案是否認真呢?老實說在實際把案子交給這位律師處理之前,管道有限。各位如果有認識法律圈內人士,不妨請他們探聽一下這位律師的風評,此外別無他法。所以前面有提到找律師的兩種管道,我通常會推薦第一種「親友介紹」的方式,因為親友介紹的關係,律師辦起案來也會更有「需要對案件成敗負責的壓力」,所以會花更多心力下去辦案,符合人性無誤。

最後,親自預約付費諮詢,實際感受與律師溝通的「頻率」是不是自己喜歡的,畢竟一個案件從發生到結束,往往需要花費超過一年的時間,現場諮詢是一個讓客戶篩選律師是否能夠快速進入狀況、律師同時觀察客戶是否好溝通、好配合的過程,這點也是官司成敗的關鍵喔!

接下來是一些比較細節的挑選標準:

Q1 找曾經擔任法官、檢察官的律師會比較好嗎？

　　不一定。法官、檢察官退下來的律師，對於司法系統的內部運作流程當然比較清楚，但是一般來說這種大律師都是負責接案，比較少親自辦案（都是交給底下的受雇律師辦案），所以需要留意這類型的律師是否在打官司的過程中清楚掌握你的案件事實細節。此外，如果是期待找這類型的律師，可以用他們以前曾經擔任司法官的光環，協助客戶用「走後門」的方式處理案子，不僅是錯誤的觀念，也是無效的做法。

Q2 找越大間的律師事務所越好嗎？

　　不是。這得先介紹目前臺灣的律師事務所型態分成三種，一種是個人律師事務所，第二種是合署律師事務所，第三種是合夥律師事務所。

　　「個人律師事務所」是目前律師界主流，優點是律師能夠親自辦理客戶案件，但是缺點是個人事務所資源有限，除了律師在辦案過程中如果遇到困難，會沒辦法有其他律師一起討論法律問題的困境以外，還有律師一旦「衝庭（同一時間需要在不同法院開庭）」，人力不足的缺點就會浮現出來。

至於「合署律師事務所」，可不要被他們眾多的律師人數嚇到了，合署律師事務所本質上只是多名個體律師戶共用一塊招牌（事務所名字），共同分攤辦公室租金、水電、助理開銷而已，各個律師內部是完全不相干的，包含接案、案件承辦、內帳分潤等等，好處是一般人分不清楚是合署還是合夥，看起來好似陣容堅強？

　　「合夥律師事務所」則是我認為較好的選擇，理由在於合夥律事務所律師較多（律師五位以上），彼此合作緊密默契佳，如果案件上需要互相支援，不管是所內討論法律問題激發想法，或是在專業領域上的互補（例如我所在的事務所就有前軍法官，還有前富邦產險、中華電信法務主管，都是各領域的強者），都能夠全方位的解決客戶需求，缺點是合夥事務所成本比較高，會反應在律師費的報價上。

　　那麼有些人會有疑問，難道找越大間的事務所越好嗎？並不是的，從人性的角度來看，案子交給超大型律師事務所，會花費超過原本預期的律師費（大型事務所通常按時計費），而且自己的案件會成為「小客戶的小案

件」。要留意自己的案件受事務所重視的程度，組織太過龐大的缺點，是客戶的意見會像飛鴿傳書一樣，過了很久才會獲得回饋，此時損害已經發生。

Q3 找在地的還是臺北的律師比較好？

依照個人需求，以我的觀察，畢竟是臺北是首都、社經中心，精明的客戶對律師的要求比較高的前提下，能夠生存下來的臺北律師自然比較「Sharp（敏銳）」，當然如果預算有限可以找當地律師，取決於個人。

Q4 律師看起來很專業，但是他講的好難，我都聽不懂，我該找他打官司嗎？

不建議。因為一個真正厲害的律師可以把很複雜的法律理論，用很白話的方式講解給客戶聽懂，找一位講話讓客戶聽得懂的律師，至關重要。

Q5 一位專業認真的律師的特徵是什麼？

掌握案件事實細節的能力、開庭前的開會充分討論、開庭時不卑不亢但是據理力爭，書狀直指案件核心爭點。

Q6 **律師書狀的頁數越多越好嗎？**

　　錯誤。就算寫再多頁書狀，只要沒有回應法官疑問，就是不專業的律師。

Q7 **律師下班時間找不到人怎麼辦？**

　　看自己能否接受。以我為例，就算是下班或是假日時間，客戶打電話或是傳訊息，我都會回應。

Q8 **找越資深的律師越好嗎？**

　　不一定。律師執業的經驗固然很重要，但是要實際觀察這位律師是否會進修、更新最新修正的法律以及法院的實務見解。

　　寫本篇律師挑選全指南的理由，不外乎是希望可以減少客戶挑選律師的資訊不對等，還有提醒自己當律師的初衷，在成為最頂尖的訴訟律師的路上，我持續努力中。

特別收錄

律師費大揭密，
原來不是越便宜越好！？

　　「蔣律師，你的報價怎麼跟另一個律師落差這麼大？」
這是有些當事人在聽到我報價後的反應。正是因為律師
費對於一般人並不公開透明（簡單來說就是資訊上有落
差），而且多數客戶對律師費怎麼收並沒有一個很具體的
概念，剛好藉由本篇跟大家分享一下。

蝦米！簡單的法律諮詢也要付費喔？

　　我很喜歡用下面的故事舉例：有一天畢卡索在咖啡廳
吃早餐，這時有一位老太太認出畢卡索，她上前要求畢
卡索在咖啡廳提供的面紙上作畫。畢卡索完成畫作後，
開口向這位老太太索取一筆不小的報酬，老太太驚訝的

說：「大師，這只花了您十分鐘的時間，應該不至於收費吧？」只見畢卡索輕輕地說道：「噢不，這幅畫可是花了我一甲子的時間。」

這則小故事在告訴我們，專業是經過漫長刻苦訓練的成果，想當年我考國家考試時，頭髮都不知道白了幾根！正是因為從專業人士身上能夠迅速得到精準、有效的建議，所以我們需要尊重專業，而代價就是律師費。

因此，我原則上都不接受免費諮詢（如果只用電話簡單講一講，或是好朋友詢問例外），曾經有潛在客戶詢問我：「大律師，只問幾個簡單的問題應該不用收費吧？」我都會很客氣的跟他解釋「專業有價」的精神，進而婉拒免費諮詢。

如果確實是經濟上有困難的民眾，我會建議可以去法院的訴訟輔導科詢問，或是法律扶助基金會有提供律師免費諮詢。但必須要老實說，免費諮詢的效果與付費諮詢相比，當然會有一段不小的落差，原因是當客戶願意付費諮詢時，律師會事前初步幫客戶研究案情，例如上網搜索相關判決等等，這樣就能在實際諮詢時更深入問案分析；而免費諮詢的律師，通常不會（也很難期待）

他們做這件事。

以我來說，每次諮詢一小時的費用 5,000 至 8,000 元不等，後續若客戶委任，則律師費可以扣抵諮詢費。

律師通常都怎麼報價？審級委任又是什麼？

以臺灣而言，律師費用通常是採取「審級報價制」，也就是說一審、二審、三審會各算一次費用（刑事案件的偵查階段也算一個程序），每個審級的律師費用要視「案情複雜度」以及是否是外縣市案件（律師往返法院時間也會列入報價因素之一）有所差異。以我來說，每個審級報價約 9 萬至 20 萬元不等。此外，若訴訟過程中需要針對個別裁定抗告，費用也會另計（因為國稅局也是這樣計算律師的執行業務所得）。

但也有律師不採審級報價制，而是採取「按時計費制（hourly charge）」的收費方式，通常大型事務所比較常用這套。例如幫忙修改契約或是刑事案件的被告如果被拘提逮捕，依照憲法第 8 條規定會受到 24 小時的人身自由拘束，這段時間被告會被檢察官、警察密集的詢問作

筆錄，律師在場陪同（俗稱陪偵）的行情約每小時 8,000 元至 12,000 元不等，而且夜間會加倍收費。

分享律師界江湖傳說，我曾經聽過專門接陪偵案件的大律師，一次耗時三天陪偵下來的律師費都可以買一台 Toyota 國產車了。當然律師的價值在於時間，這些都是律師們拿肝換來的，陪偵一次可能要花好幾天補眠，黑眼圈都快掉到臉頰（沒這麼誇張）。

律師可以向當事人「收取後酬」嗎？

法律規定律師除了刑事與家事案件不能收取後酬以外（但是家事財產事件可以收後酬，例如夫妻剩餘財產分配、遺產分割訴訟就可以約定後酬），其他原則上都可以收取後酬。所謂後酬，就是以當事人實際上從訴訟中獲得的賠償或給付，按比例收取律師報酬（成數不等，有聽過最高對半拆的），這時事前的律師費就可能斟酌少收或完全不收。

但必須老實說，我原則上也不接打後酬的案子，最大的原因就是訴訟結果難以預料，打官司過程中的變數太

多，常常開會時當事人信誓旦旦的說這件穩贏啦，結果起訴後對方卻直接拿出讓我方一刀斃命的證據，讓律師被打臉也是家常便飯。此外，如果大家有聽過一句俗諺——「法院像月亮，初一十五不一樣」就知道我在講什麼了。總之，各位可以自行和律師討論費用收取方式。

　　我最喜歡的一部電影——辛德勒的名單。男主角辛德勒作為二戰時期的德國軍火商，他藉由和納粹打交道，表面上看似成立軍用品工廠，實際上是用來庇護集中營的猶太人。當最後德國戰敗，辛德勒準備逃亡時，辛德勒的猶太人會計史登，代表工廠全體猶太人，送給辛德勒一枚銀戒，戒指上面刻著「whoever saves one life saves the world entire（拯救一個人的性命，就是拯救整個世界）」。

　　擔任律師以來，我看過太多人性的光明面跟黑暗面，有時內心甚至掙扎自問「真的要幫助這個壞人嗎？」但我的師父跟我分享：律師的天職，不只是為被告的權益辯護，更重要的是維護制度的正義。這某種程度也呼應戒指上的那段銘言，「律師對於每位個案的奮鬥，都能促進制度更加公平正義。」

　　我從不認為個人當下的成就，全是靠個人努力而來，當中必然包含天賦以及努力以外的因素，例如出生在中產階級的家庭讓我衣食無憂，或是重視教育的父母等等。換言之，我認為我是個幸運的人，反觀其他沒有這麼幸運的人，該如何面對這個複雜且惡意的世界呢？

所以我決心要做一件事——「知識的回饋」。我要走出法院，將自己定位成公共知識分子，藉由律師身分發揮影響力，將這些法律常識，傳達給身邊每個人，那就是達成了知識的回饋，也因此有了這本書的誕生！

謝謝你翻開本書。

謝　詞

本書得以付梓，我最感謝編輯晏瑭以及時報出版團隊。對我而言，這本書就像自己的孩子，所以每次跟晏瑭來回確認本書方向、文稿的編排、美編，乃至於行銷計畫等等，我常常完美主義發作，這些近乎苛刻的要求，細心的晏瑭竟然總是能夠幫我達成。晏瑭謝謝妳。

也謝謝我的家人、Ivy、我的師父李岳洋律師、承理法律事務所的夥伴們，沒有你們全心全意地支持，就不會有現在的我。

優生活 262

一不小心就坐牢

人在江湖不踩雷！刑事律師教你 37 個自保必備法律防身術

作　　　者 —— 蔣子謙
副 主 編 —— 朱晏瑭
封 面 設 計 —— 李佳隆
內 文 設 計 —— 林曉涵
校　　　對 —— 蔣子謙、朱晏瑭
行 銷 企 劃 —— 蔡雨庭

總 編 輯 —— 梁芳春
董 事 長 —— 趙政岷
出 版 者 —— 時報文化出版企業股份有限公司
　　　　　　108019 臺北市和平西路 3 段 240 號
　　　　　　發 行 專 線 — (02)23066842
　　　　　　讀者服務專線 — 0800-231705、(02)2304-7103
　　　　　　讀者服務傳真 — (02)2304-6858
　　　　　　郵　　　撥 — 19344724 時報文化出版公司
　　　　　　信　　　箱 — 10899 臺北華江橋郵局第 99 信箱
時 報 悅 讀 網 —— www.readingtimes.com.tw
電 子 郵 件 信 箱 —— yoho@readingtimes.com.tw

法 律 顧 問 —— 理律法律事務所 陳長文律師、李念祖律師
印　　　刷 —— 勁達印刷有限公司
初 版 一 刷 —— 2024 年 7 月 5 日
初 版 二 刷 —— 2024 年 9 月 17 日

定　　　價 —— 新臺幣 380 元
（缺頁或破損的書，請寄回更換）

一不小心就坐牢/蔣子謙作. -- 初版. -- 臺
北市 : 時報文化出版企業股份有限公
司, 2024.07
面；　公分

ISBN 978-626-396-407-5(平裝)
1.CST: 法律教育 2.CST: 個案研究
580.3　　　　　　　　　113007991